結婚がヤバい

民法改正と共同親権

JN045552

[illegible]充 著

社会評論社

目次

はじめに

「結婚って一生おごり続けるってことでしょ」

知り合いの女性から息子がそう言っていると聞いたのは10年以上前のことだ。彼女には成人した息子さんがいて、独身なので何気なく彼に結婚のことを聞いたのだと思う。

ぼくは2007年に当時の連れ合いと別れた結果子どもと会えなくなって、そのころ親権についての市民運動を始めていた。

今もそうだけど、離婚して子どもに会えないと言うと「何かひどいことでもしたんでしょう」と問い返されることが多い。その背景に離婚が親子の別れになる現行民法の不備があると気づいて、共同親権への法改正をアピールしはじめていた。似た問題関心をもつ仲間たちと出会い、息子を持つ彼女もその一人だった。

連れ合いと別れるだけでもダメージなのに、子どもと会えなくなるというつらい経験もしていたので、今思い返せば、その息子さんの言葉は「なんて愚かなことをしているんだ」と自分に問い返されているかのようで、強く印象に残ったのだと思う。実際言われてみれば、2年程度の短い結婚生活ながら、「子どものために」という枕詞をつけられて、住む場所や園、園とのかかわり等々、彼女の意見を押し付けられる場面が記憶として強く残る。

今から見ると自分も同様のことを彼女にしていたのだろうと、多少客観的には振り返ることはできる。にしても「だったらあなたが稼いで自分のしたい子育てを実現したらいい」とやはり思う。

その息子さんの言葉は、「そんなことに抵抗すること自体がエネルギーの無駄」と言っているかのようだった。結婚に対するあこがれや期待自体、最初から持っていないかのような発言はどうして出てきたのだろう。ほかの若い人たちや異性はどう考えているのだろう。

これまでぼくは自分が子どもと引き離された経験から、現行民法の親権制度の不合理さや残酷さについて発言してきた。一方でその道程は、こんな制度のもとでおちおち好きな人とセックスして子どもを作ったりできるのか、という疑問を膨らませる過程でもあった。

長らく少子化や晩婚化、結婚率の低下が社会問題として語られてきた。しかし一方で、そういった議論で親権問題という親子間の関係に触れることはあまりない。発生している社会問題の解決を促す立場でも、現行の婚姻制度を前提に、結婚しない人がおかしいと、その人たちを批判してなされる婚活「支援」が政策になっている。そうでなければ、男性中心社会をワンパターンに批判して、生み育てる女性の環境改善を促すことが多い。

でもそれで「結婚って一生おごり続けるってことでしょ」という冒頭の彼の問いに答えられるだろうか。それが本書を書こうと思った動機だ。

その発言をした息子を持つ彼女の別の息子には離婚で離れて暮らす子ども、つまり孫もいた。「こんな法制度を次世代に残しておきたくない」という思いは、成人になろうとする子どものいるぼくも同じだった。事実婚を含めれば3度の結婚を経験したぼくにしても、好きな人と長続きする関係は作れていないし、それは社会制度としての結婚をどうとらえていくのかという面では、繰り返し考える問題だった。

もしかしたらそれは、離婚を経験したり、結婚にもやもやを抱えたりしているぼくと同世代の人だけでなく、これから結婚を考えている若い人にとっては、さらにリアルな現実ではないのだろうか。

Ⅰ いまの結婚はぜいたく品？

こんな制度で結婚・子育てなんてこわすぎる

２００7年に子どもと引き離された。翌２００8年からぼくは子どもに会うための調停を起こすとともに、民法の改革を求める市民運動を始めた。現在もその活動は続いている。法務省は２０２1年から離婚後の親権制度に関する民法改正について法制審議会を開き、２０２2年12月には中間レポートが発表されている。共同親権の是非も含めて一応議論の対象になっている。子どもに会えない当事者たちが声を上げたというのがあるにしても、それは海外から日本の親権制度が強い批判を受けたからだと思う。

共同親権というのは、親権を父母双方の親が持つ法律用語だ。日本の民法では婚姻中だけが共同親権で、それ以外の離婚や未婚は、父母どちらかにしか親権を認めない（単独親権制度）。法律ではここまでしか書いていない。ところが、離婚に伴い親権をどうするかが裁判所に持ち込まれると、94％の割合で女性が指定される。

子どもを手元に置いて半年ぐらいたつと、裁判所では自動的に親権が認められる。これに男女差はあまりない。ただ専業主婦の多い日本では、子連れで家を出ることができる環境にあるのは女性が大半なので、こういう割合になっている。仕事のある男性が子どもを連れて家を出るのは難しい。

「先に取ったもの勝ち」の現状は、食うか食われるかの「ジャングルの掟」だ。これが「子どもの連れ去り」と言われる理由で、誘拐や拉致という言葉で批判されることも多い。英語の abduction だと後者のほうが適訳だろう。他の国では、婚姻内外問わず共同親権となっている国が多いので、日本の家族法の現状は信じがたいことのようだ。

国際結婚で子どもを妻に連れ去られる外国籍の夫も多いので、自国民保護の見地から日本の法制度を批判する声は増してきた。それに対して「内政干渉」と反発する声は年々弱くなっている。というのも、他の国ももともとは日本と同じ単独親権制度だったからだ。なのに子どもと父親たちの声を受けて共同親権へと移行していったという事実が、徐々に国内にも知られるようになってきた。

ぼくが運動を始めた当初、こんな現状が知られることになれば、じきに子どもの連れ去りが多発するだろうと予想していた。実際、子どもを確保するのが親権取得の条件と明記して、離婚事件を請け負う弁護士事務所は、ネット上に広告を打ちだした。やがてその件数をどうやって稼ぐのかのセミナーが始まる。おかげで、2023年1月には、夫に子どもを連れ去れた弁護士の女性が、SNS上にその事実をライブ配信しているのを見ることができた。

ぼくが当事者になった当初、子どもと会えない親たちの自助グループの主催者は臨床心理士だった。心の専門家なのに子どもと会えなくなるんだなとはじめは思ったけど、制度の問題なので誰もが当事者になりうる。職種の幅は、弁護士、裁判官、裁判所職員、記者、学者、政治家と、社会的地位が高い職業につく男性の間でも、年々バリエーションが広がっている。

裁判所に行っても子どもと会えないのだろうか。

実際は、子どもに会う「面会交流」の調停・審判などの手続きがある。しかしだからといって子どもに会える保障はない。子どもを持っている側（同居親）次第なのだ。手続きがあるのに実現するのは運次第なんていう法制度は破綻している。問題点を指摘されながら状況が改善されることはなかった。

ぼくの場合は事実婚（未婚）で子どもがいたので、民法上の規定から親権はもともと母親にあった。母親が会わせるという合意文書を自分で提案しておいて、会わせなかったものだから、調停・審判を経て子どもと再開するまで2年半かかった。その後も母親が度々子どもと会わせないようにしてきたので、子どもとの関係を維持するためだけに、5度ほど調停や審判、それに契約不履行の損害賠償の裁判をした。その都度手続きは1～2年ぐらいかかる。ぼくのような立場の親たちが大勢いて積み重なっているので、その親たちによる共同親権を求める運動が年々活発になっている。

裁判所は、子どもを引き離して確保する理由付けを一応はする。そのため、子どもがいない側（別居親）はDVや虐待の加害者と言われることが多い。暴力が実際になくても、現在の日本のDVの定義の中には精神的なものもあり、「思ったらDV」なので、一方的に「DV夫」とレッテルを貼られる。子ども好きの親は、子どもと会えない上に加害者扱いされるので深く傷つく。会わせている間に子どもに懐かれれば、引き離して金をとるという手法が使いにくくなるので、なおのこと引き離される。弁護士たちは、子どもを引き離して慰謝料や養育費を確保するという誘拐犯と同じ手口をクライアントに伝授して、養育費をピンハネする仕組みまで作り上げている。

相手と不仲になったというだけで、愛する子どもと会えなくなり、子どもを引き離した憎らしい相手から金を搾取され続ける。こんな結婚、ヤバくないかな。

やっぱり大学生は結婚にあこがれている

２０２２年の11月に東京都内の大学法学部の民法の授業で、大学生を相手に話をした。

前日の11月15日は、法務省の法制審議会の家族法制部会が、親権制度の改革について中間試案を取りまとめ、そのパブリックコメントをすることを決めたと、当日の朝、各紙が記事にしていた。そんなわけで注目も高く、普段はその授業をとってない生徒も聴講する中、さっき言ったようなことを話した。子どもと会うために２年もかかったというと、「気が遠くなりますよね」という感想文があった。

付け加えて説明したのは、現在結婚するとき、姓を男性にするカップルの割合が96％で、この割合は、司法で離婚時に女性が親権者に指定される割合の94％とさほど変わらないということだ。「女が男に従って子育てをする」「男が子育てから排除されて働かされる」と解釈の仕方はあると思う。数字の実態は、現在の婚姻制度が入口と出口で性役割を男女に強制していることを示している。

でも民法には姓は男性、親権は女性とか書いていないよね、という質問があった。女性が男性の姓に合わせるのは、もともと男性の家に女性が入る家制度の名残だ。個人の行動と司法判断は社会認識に規定されている。そんな中、４％や６％の例外を選択しようとすると、ものすごい反発を覚悟して、多大なエネルギーがいるだろう。結婚したうちの３人に１人が離婚するというデータは出ているので、他人事じゃないよというのを伝えたかった。

むしろ法律で姓は男、親権は女（戦前は父親が親権者）とか、戦前のように書いておいてほしいと思う。でも、憲法の建前は男女平等と個人の尊重なので、そうはできないというのが罠だ。そしてこの性役割の暗黙の強制を憲法違反と訴えたのが、ぼくが原告としてはじめた共同親権訴訟（養育権侵害訴訟）だ。

ぼくは、現行制度の被害者本人の話を聞いてもらって、これから結婚について具体的に考えるかもしれない世代といっしょに家族のあり方を考えてみたかった。だからむしろ大学生たちの結婚に対する考えを聞きたかったのだけど、先生からは直接質問する学生はほとんどいないと聞いていたので、質問用紙を配ってもらった。

そうすると、「こちらから書けと言ったわけではないのに」と先生が驚くほど、質問や意見を書き込んだ回答用紙が40枚も集まり、その数は授業の出席人数の70人ほどの半数を超えていた。

DVなどの課題を挙げ、共同親権への不信を投げかける人もいて、それはそれで普通の反応かなと思う。自分も親の離婚を経験して、親との関係の不満を垣間見せる人も一人ではなかった。

70年以上も昔の制度がずっと変わってこなかったことへの疑問も、何人かから出た。社会認識が変われば法も変わると思うけど、そうはならないので法を変えて社会を変えようとぼくはした。それに対する反発は、当日の新聞報道で両論併記の記事しか書けない大手紙の現状を見ると学生さんたちもよくわかったと思う。背景に性役割があるとトピックで取り上げたのは、毎日新聞（山本将克記者）が「男性の育児参加背景に」「共働き家庭増も影響」と見出しを振ったのが目に留まったぐらいだった。育児に協力的な父親が増えているから男女平等の観点から共同親権にしたほうがいいという率直な感想も、男女かかわらず少なくなかった。

そんな中で、「私たち大学生にとって結婚は幸せなものという印象だったので」と、ぼくの話を聞いて衝撃を受けたという感想は、やっぱり自分が大学生だったころのことを考えても率直なものかなと思った。ずいぶん冷や水を浴びせたようだ。

実際には、人口１０００人あたりの件数を婚姻率として示すと、一番高かった１９４７年に１・20％だったのが2019年には0・47%まで大幅に低下してきた。結婚するしないは置いておいても、結婚したうちの3人に1人が離婚すると言ったところで、3人に2人は別れないのだから、他人事と感じた人も多かったと思う。

そうはいっても学生たちの感想の数を見れば、内容はともあれ何かが言いたい、という率直な思いが伝わってくる。現行の結婚のあり方以外に、別の選択肢があると知って、現行制度に対する疑問は湧いてこなかっただろうか。もちろん、どうしたらいいのかという問いに、態度の表明を求められているのは、学生たちばかりではない。

ジェンダーギャップ指数が下位なのはなぜ?

2022年7月、世界経済フォーラムは「ジェンダーギャップ指数2022」を公表した。日本は146か国中116位で、前回は156か国中120位だったので、前回と比べて横ばい、先進国の中では最低レベルだった。アジア諸国の中でも韓国や中国、ASEAN諸国より低位だった。その上翌23年は世界125位で過去最低を更新した。

この指数の評価基準は、国会議員や閣僚の男女比、管理職の比率などを数値化したものだ。だからそれ自体が男女平等の指標として適切なのかという疑問はある。ただ一般的に言って、勝ち組男女の比率として見れば大雑把なところが見て取れる。22年のデータを見てみよう。

よく見ると日本の場合、教育や健康の分野では、他国に比べて遜色はない。「教育」では146か国中なんと1位、「健康」では146か国中63位といずれも世界トップクラスの値になっている。順位を押し下げているのは、政治参画や経済参画の分野で、特に、国会議員や閣僚の数などの「政治参画」で、指数は1に対し

０・０６１の１３９位になっている。

これは選挙や職場で男性が管理職や候補者を明け渡さないことが原因だろうか。あるいは、職場で女性が虐げられているのが問題なのだろうか。

日本財団は２０２２年６月に、世界の女性議員の比率の今昔の比較表をわかりやすくまとめている。それを見ると、アメリカが１９４６年に２・５％だったのが、２０２１年には27・９％、イギリスが３・８％（１９４５年）だったのが34・５％（２０２２年）、韓国も０・５％（１９４８年）だったのが18・６％に上がった。なのに日本は１９４６年には８・４％と、比較した国の中では最高比率だったのが、２０２１年に９・７％とあまり上昇せず、比較した国の中では最低になっている。

１９４６年は日本で女性が参政権を得てはじめての選挙があった年だ。その後は差を付けられているということを言いたいのだろう。

もちろん、政治や経済の分野で要職を占める女性の比率が年々上がっているのは確かだ。しかし述べたように、性役割を強制する法制度、そしてそれを前提にした社会保障制度が作用していることはないだろうか。

日本は他国を真似して、１９８５年には男女雇用機会均等法を整備している。しかし一方で同年、専業主婦の年金を夫加入の厚生年金から支払う、第３号被保険者制度が作られている。この制度は「夫と専業主婦と子ども」の世帯をモデルとしていて、妻の側は被扶養者として控除の対象になる。１３０万円を超えると自己負担になり控除もなくなるので、子育てが終わった後、収入が超過しないように仕事をしてもパート勤め

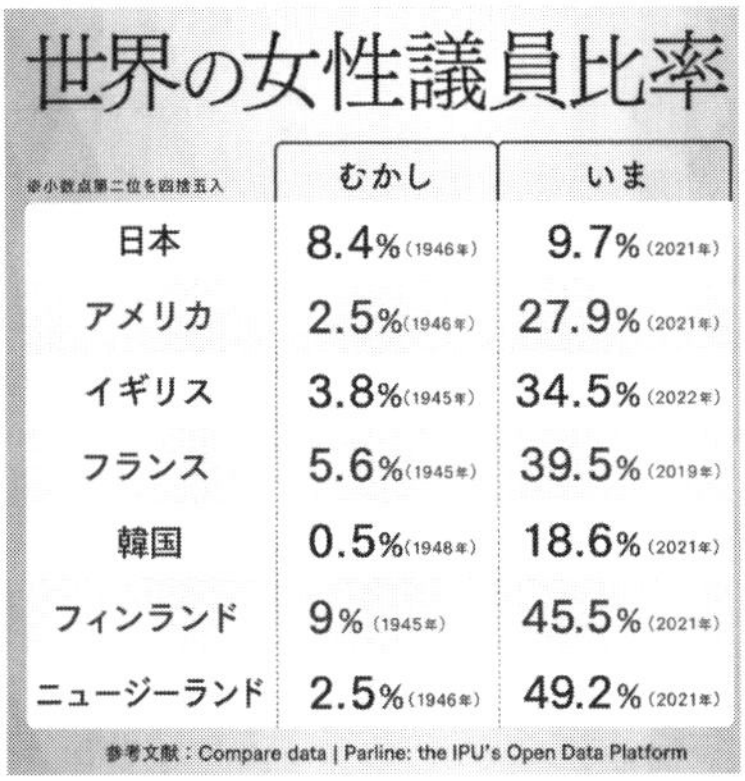
世界の女性議員比率

※小数点第二位を四捨五入

	むかし	いま
日本	8.4%(1946年)	9.7%(2021年)
アメリカ	2.5%(1946年)	27.9%(2021年)
イギリス	3.8%(1945年)	34.5%(2022年)
フランス	5.6%(1945年)	39.5%(2019年)
韓国	0.5%(1948年)	18.6%(2021年)
フィンランド	9%(1945年)	45.5%(2021年)
ニュージーランド	2.5%(1946年)	49.2%(2021年)

参考文献：Compare data | Parline: the IPU's Open Data Platform

図　日本財団の Instagram（2022 年 3 月 7 日）から

などをして収入をセーブしている人も少なくない。こういう制度を維持していれば、女性が政治や経済の要職を務める機会は限られるだろう。もちろん会社が男性社員を拘束する時間がいくら長くても、家庭のために正当化できる。

そしてこういった制度を法制度上規定しているのが性役割を強制する婚姻制度であり、単独親権制度ではないだろうか。今では事実婚とかできるし、多様な家族のあり方も徐々に知られてきているから大げさだろうと言う人もいるだろう。とはいっても、事実婚をしているのは、医者や弁護士、経営者などになった勝ち組女性に限られているのは、自分の周りを見ればよくわかるに違いない。

日本財団が比較した戦後すぐからここ数年の間で、日本以外の国で何が変わったか。それは以前はどの国も単独親権制度だったのが、１９８０年代以降どの国も家族法を変えて共同親権制度に変わっていったということだ。

単純なことだ。

男性が育児を女性と平等に担える保障がなければ、男性は仕事をせざるを得ない。女性にしても、男性に育児を頼ることができなければ、慣習に従って育児をするしかない。司法が女性を親権者にする割合は94％となっている。逆のことをしても得にならないし、時には損になるとするとしないだろう。

厚生労働省は男性の育休取得を盛んに奨励している。性役割を素直に担うことに抵抗があり、特に女性の場合、社会的地位を早く手に入れれば、男女ともに不利な結婚をためらう傾向が高まるだろうし、少子化は結婚が減ったその結果にすぎない。

仮に別れたりしたら、男は子どもから引き離されてＡＴＭ感が高まるし、女は一人で育児を続ける重圧にさいなまれる。嫌でもそうたやすくは別れられないとなると、ますます結婚を敬遠する男女は増えるだろう。そうするとやっぱり、結婚は条件を整えられる勝ち組男女の特権でぜいたく品ということになる。

結婚したら幸せになれる？　別れるときのことは考えない

ただ結婚するときはまだお互いに好きだから、男性の姓に合わせるのは、古臭い慣習と仮に感じても舞い上がってるから気にならないか、いっしょになるために妥協するかもしれない。結婚生活の中で性役割にとらわれない生活も、相手がよければ可能かもしれない。

しかし離婚するときはお互いに嫌いになっているのがスタンダードなので、「親権は女性が普通だから」と言われたところで、双方がジェンダー平等な関係を築いていればいるほど、納得がいかないだろう。ここで割を食うのは、子育て好きの男性と、仕事好きで、男性と同等のキャリアを積んだ女性ということになる。

でもやっぱり、「離婚する割合は3人に1人でしょう。自分がそうなる割合も3分の1だから楽観的に考えていいんじゃない」と思うかもしれない。まあそうだろうと思う。割合が低ければ自分がそうならないだろうと考えるのももっともだ。それがこんなにリスクがあっても結婚する人が出続ける理由ではある。冒険する権利もあると思う。

ただこれがアメリカみたいに2分の1だと、丁か半かのバクチなので、絶対他人事とは考えられないだろう。アメリカでは有名人が結婚前に離婚した場合にどうするかの婚前契約を結ぶ事例がしばしば日本でも報じられる。2人に1人が離婚すれば、愛と利害は切り離せないと誰もが思うだろう。自分だけが努力しても結婚を維持できるかどうかは運次第なのは明らかだ。

しかし3人に1人だと、結婚は利害と割り切ったことを結婚するときに言うと、むしろ引かれるんじゃないかと心配になって言い出せない人もいると思う。なんでそんな冷や水を浴びせるようなことを今言うんだ、と。甲斐性がないと見られたくないという見得も男の側にはあるかもしれない。

このことに対する反論はぼくにはない。いくらこういうリスクがあるよと言ったところで、ネガティブなことは考えたくない人の耳には届きそうにない。ただ、ぼくはどんなリスクがあるか知らないままに相手といっしょになって、手痛い目にあったので、そのことは当時誰かから教えてもらえればよかったのにとは、今思う。

ぼくは、離婚したら子どもと引き離され、そのことでいろいろ悔しい思いをして自分だけかと思ったら、ほかにも同じような経験をした人たちと大勢出会った。だから、自分一人の問題ではないと理解することができた。その人たちと婚前契約について話題にして話したことがある。当時はぼくも別れてからさほど時間が経っていなかった。だから、新しくパートナーができたときどんな関係がありえるのかは、一度結婚して別れた人たちなので、具体的に想像が働いたようだ。

海外で婚前契約する場合は、別れても共同親権で会えなくなるなんてことはまずないので、もっぱら離婚時の財産分与についてどのようにするかということを決める場合が多いようだ。めいめいが自立してきて結婚後も夫婦別会計で、双方に財産がある場合は、別れた場合のことも具体的に決めやすい。

ところが日本の場合、男性が女性を養い財布も一緒になることがスタンダードだったので、それを分けるときのことを想定するのは確かにたいへんで気が滅入る話だろう。男性の側が自分の分は自分で稼ごう、ともちかけるのは勇気がいるかもしれない。もちろん、盛り上がっているときに別れるときの話なんてという意見も出たけど、「そういうことが具体的に話し合える相手だとうまくいくんじゃないかな」という意見も出て、そのときはなるほどなって思った。

その後ぼくは1度結婚して1度事実婚して別れている。法律婚した際は別居婚だった。だから経験豊富だから参考にしてくれという気はまったくない。だいたい反面教師にはなっても、結婚生活の維持という点では全然見本にならない。それに、相手とどのような関係を築くかは双方の関係によるしかない。逆に言えば、結婚したらだいたいこうなるという未来予測図が描けるから、「結婚したら幸せになる」と考えられる。

じゃあなんで「結婚って一生おごり続けることでしょ」という達観した見方が出てくるのだろう。それは結婚という制度自体は変わっていないけど、社会のほうが大きく変わったので、以前の制度の中に入れば安心という感覚を、若い人は皮膚感覚で失ってきているからではないだろうか。デメリットばかりが目について、愛という装飾ではごまかせなくなっているレベルだろう。そのギャップと残念なデータはすでに出回っている。ただ離婚経験者としてこうは言える。むしろそういった制度の実態やギャップの大きさを互いに共有してどうするか話して共通見解を得ることは、互いの関係を長期的に築く場合にけしてマイナスにはなりはしない。

今出回っている結婚や少子化の政策は、いっしょになりさえすれば後は知らない、という点で無責任に思える。一方で、ジェンダー平等を唱えながら女性支援の側から出される主張は、これだと女性に敵意を向けたり、恋愛を怖がったりする男性が増えるだろうなと思うことばかりが目に付く。親権制度の実態を知って、好きな相手と事実婚関係を結ぶのはフェアかと悩む女性もいるのだ。相手といい関係をつくりたいと思う男女にとって、これまで政府やメディアが発信する情報は、ニーズに答えていないのではないだろうか。

「おごり続ける」結婚の実際

最近は、男性の側から結婚について考察する書籍がいくつか出ていて、ぼくも『結婚不要社会』（山田正弘著、２０１９年）、『結婚滅亡』（荒川和久著、２０１９年）など、本書の執筆のために読んでみた。

「婚活」を唱えた山田さんは、アメリカでは結婚しない同棲が一般的なことを紹介し、荒川さんは、「ソロ活」というワードで、結婚だけでなく、個の自立とコミュニティによる安心による幸せのあり方を提示している。ぼくは子どもと引き離された経験から、日本の親権制度の矛盾に気づいて、海外のように共同親権にしたら場合、結婚はどうなってしまうのだろうかと考えはじめた。これらの本はその点についての疑問に答えるものではないけど、結婚をめぐる男女の関係や認識に対する考察は参考になった。

若い人がみんな結婚に幻滅しているわけではない。株式会社ネクストレベルが運営する「縁結び大学」が２０２０年に、30歳以下の未婚男女３１４人を対象に行なった「令和世代の結婚願望」という調査では、30歳以下で「結婚願望はある」と思っている人は、男性で70・１％、女性で73％となっている。それなりに結婚願望がある。

しかし相手に求める結婚の条件を解析すると現実の厳しさが見えてくる。山田さんは、朝日新聞の２０１８年のネット調査「未婚の若者の結婚観」（25〜34歳の男女、約１０００人）を引用し、「結婚に譲れぬ条件」に72％の女性が「収入」を挙げ、「相手に求める年収」が「４００万円以上」というデータが63％だと指摘している。男性が収入を条件に挙げる割合は29％。「関係ない」は女性19％に対し男性64％だ。

山田さんはさらに、２０１９年の女性月刊誌「ＪＪ」の調査「ＪＪ世代の結婚白書２０１９」に触れ、結婚相手の男性の年収は７００万円以上（1千万円以上含む）と答える女性が60％近くいて、年収を気にしない女性は８％にしかすぎないというデータを紹介している。

女性が見ているのは金という現実だから、稼げる男を目指す人もいると思うけど、「一生おごり続けるってことでしょ」という現実に、幻滅する男性もでてくるわけだ。山田さんは、容姿と身長も男性が選ばれる理由になるというデータも示す。金と容姿と身長と、三拍子そろった男性なんてそうそういるわけもない。若いうちはとくにそうだし、むしろ非正規雇用が増えている現状で、マッチングの不適合が起きるのは当たり前だ。

荒川さんは、こういったデータをいろいろ分析していて、結婚を希望する53％の女性が希望通りにならないことを示している。仮に男女が結婚によって完全な性役割カップルを目指そうとしても、全夫婦世帯のうち専業主婦世帯は約3割、64歳以下でみると23・1％（「男女共同参画白書　令和4年版」）になり、もはや少数派なのは明らかだ。日本人の平均年収額が433万円という中で、専業主婦世帯の夫の理想年収は700万円以上とされる（不動産プラザ「専業主婦になるには夫の年収はいくら必要？理想の世帯年収と年収別の生活モデルを紹介」）。平均年収からすればこの年収は明らかに勝ち組だ。

『損する結婚　儲かる離婚』で結婚を金融商品の取引として解き明かした藤沢数希さんは、「若者就業支援の現状と課題」（労働政策研究・研修機構、2005年）という研究論文のデータを引いて、所得が高まると男性の婚姻率が急激に高まっていることを示す。

年収が1500万円以上の場合、25〜29歳の男性の74％がすでに結婚し、30〜34歳では90％の高率で結婚している。しかし年収が500万円より下だと男性の婚姻率は一気に下がる。これを藤沢さんは「金持ちの男性はすぐに売れていき、そうした金持ちの男性と結婚できなかった女性は、未婚を選んでいる」と解説している。

この論文には雇用形態別の有配偶者率も紹介されていて、男性の場合は、正社員で40・4％、自営は55・9％、フリーターも含む非典型雇用だと13・5％となっているのに、女性の場合は、同22・1％と37・2％となっていて、男女が相手の職業について意識する割合の差を裏付けている。藤沢さんは、医師の場合を例に挙げ、生涯未婚率が2・8％なのに、女性は25・9％にもなり、「高所得の男性医師は、簡単に結婚できるが、女性の場合は、自分より稼いでいる男性が一気に減るため、結婚するのが困難になっている様子が読み取れる」という（舞田敏彦「生涯未婚率は職業によってこんなに違う」ニューズウィーク2015年9月1日）。

ちなみに藤沢さんは5年おきに家計の実態を総務省が調査してまとめているデータ（総務省「全国消費実態調査」）で、２００９年度の女性の可処分所得（21・8万円）が男性（21・6万円）をはじめて上回った点を特記している。この数値は次の２０１４年の調査では再逆転（女性18・3万円、男性23・0万円）している。むしろ２００９年を例外にして、消費性向は男性より女性のほうが常に高く、その額も２０１４年には男性を女性が上回った（久我尚子「若年層の消費実態（１）」ニッセイ基礎研究所レポート２０１６年8月）。若者は以前に比べてお金を使わない傾向だけど、それでも女性のほうが使う。結婚を望めば男性はお金を使うのをためらうし、すれば「おごり続ける」ことが期待される。

国立社会保障・人口問題研究所による出生動向基本調査（結婚と出産に関する全国調査）の推移を荒川さんは分析し、独身者による「結婚の利点」を男女差分として経年変化を視覚化した。女性は「経済的に余裕が持てる」項目が男性より高いだけでなく、近年急激に伸びている。一方男性の側は「社会的信用や対等な関係が得られる」「生活上便利になる」などで女性より多い部分があっても、年々下降傾向にある。荒川さんは、全体的に女性と比較して男性は「結婚するメリットを感じていない」あるいは「結婚するメリットが減っている」ということ。

荒川さんは次に、「独身の利点」の男女差分を分析して、結果女性が結婚しないのは、結婚すると「不自由になり」「友人や家族や職場との関係がなくなる」恐れがあるからだろう。結婚に対しては「家族という新しい社会を手に入れることができ」「経済的余裕が生まれる」ことを女性が期待していると解釈している。男性の側が結婚しないのは「自分のためにお金を使いたいから」ということになる。

改姓は称号／未婚は落ちこぼれ

とすると、なぜ7割もの若い男女が結婚を求めるのだろうか。特に男性は「コスパが悪い」（荒川さん）にもかかわらずそれでも結婚を希望する。これを考えるために、ほぼ5年おきに国際的に共通調査票で調べている「世界価値観調査」の最近の回の結果が２０２１年1月に公表されたので紹介したい。本川裕さんの「世界１２０位『女性がひどく差別される国・日本』で男より女の幸福感が高いというアイロニー」というネット記事を参考にした。

本川さんは、ジェンダーギャップ指数が下位で女性差別がひどいはずの日本で、男性よりも常に女性の幸福度が高い事実を指摘し、幸福度について女性から男性を引いた値、幸福度の女性優位度について7回にわたる調査結果で、日本の順位は1位が3回、2位が2回、3位が1回、11位が1回であったという。さらに「日本の女性の幸福度が男性を上回る程度は、まず間違いなく、世界トップレベルにあるといってよいであろう」と述べ、その背景について、「男性のほうは『男は一家の大黒柱』あるいは『男はか弱い女性を守らなければならない』といったような古い道徳観になお縛られ」、「日本では男への期待感が潜在的に大きいだけに、当の男性としてはそれに応えられているかどうか微妙でなかなか幸福度を感じにくくなっている」と考察している。これは男女平等や儒教的道徳観から女性が一定解放されているのとは対照的だというのだ。

これを山田さんや荒川さんの結婚観の分析と合わせ考えると、女性にとっての結婚は自分のステータスを上げるものでないと価値がないけど、男性については結婚しないと自分のステータスが維持できない、あるいは下がると考えているので、男女双方が結婚を希望している、と言えないだろうか。よもや全員があこがれだけで結婚しない。しかし実際には結婚できるカップルは減り続ける。

そういった傾向は、男女の雇用形態が流動化し、正社員が減り、男女の賃金格差が広がればひろがるほど強まるだろう。「男は横柄」「女は金ばかり」と互いを批判したところで、このギャップが縮まることは期待できない。

夫婦別姓について、もっぱら社会的地位の高い女性がそれを希望しているのは、大方の女性にとっては男性の姓に合わせることが、いまや特権化した結婚のステータスの称号だからである。男性の側は未婚が社会的な落伍の証である。正社員と専業主婦と子どもという家族モデルをぼくは「正社員家庭」と呼んでいる。しかしもはやそれを望んでも、一部の特権階級に限られたぜいたく品にしかすぎない。

II　ゼクシィ見るより民法読め

高すぎる養育障壁はなぜ残った

「少子化は女たちのストライキ」は本当か？

日本ではずっと以前から少子化の解決が政治家に対して求められてきた。２０２２年の出生数が政府予測より８年早く80万人を切るのが確実となり、危機感は高まっている。

そうすると政治家は、「女性の晩婚化が原因」と、女性がえり好みをするのが問題とでも言わんばかりだし、子どもを生めない女性には人間としての価値がないかのような発言をして、その度に批判されている。

これに対して、「少子化は男性中心で産める環境が整っていない日本社会に対する女たちのストライキ」という批判が、フェミニストの中から出てくるのも恒例になっている。

実際には、50歳時点で一度も結婚経験のない人の割合の「生涯未婚率」は、１９８０年の男性２・60％、女性４・45％から、２０２０年は男性28・25％、女性17・81％になっている（内閣府「令和４年版少子化社会対策白書」）。男性の増加率の方が圧倒的に高く、３～４人に１人は結婚しない。

結婚しない男性が増えているわけだから、いくら国際比較して育児時間の少ない日本の男性を罵倒したところで、少子化が解決するわけもない。子育てが女性の仕事だから限られた一部の男性が結婚して離婚しても再婚できる。また結婚しない男女はともに増えているわけだから、正社員どうしの共働き世帯など、勝ち組「正社員家庭」への育児支援を拡充したところで子どもが増えるわけもない。余裕が出たら子どもを増やすのではなく、子どもの学資に充てられて、勝ち組家庭の貴族化が進むだけだろう。

その上、いまや男性が女性にアプローチすること自体、相当なリスクがある。「今の若者はみんな草食系で去勢されてるようなもんだ」と嘆いたところで、セクハラやストーカーと言われて社会的に孤立するリスクを追わせておきながら、そんな男性を価値がないかのように批判するのは、産めない女性を価値がないというのと同じくらい理不尽だと思う。

一部の勝ち組カップルには男女平等を叶える余裕もあるだろう。でも、結婚が性役割を強いられるばかりだと、大多数の男女にとっては、それ以外の行動パターンをとろうとすること自体ハードルが高い。結婚のときに女性が男性の姓に合わせる割合が96％の中、男性が女性の姓にしようとしたら、2人ともまず周りに理由を聞かれるだろう。司法で母親が子どもを持つ割合は94％なので、親権者を父親にしたら、双方とも理由を聞かれるだろう。

この制度的な養育障壁を撤廃してこなかったことが、男女間の経済格差を温存し、同時に家庭間の格差も広げ、貴族家庭と大多数の庶民という線引きを強化してきた。

庶民の女性が等しく自分より高収入の男性を望んでも、そんな貴族の男性は一部だし、庶民の男性はあぶれるだろう。庶民どうしの男女でも互いの欲求が違っていれば結婚しない。そして男女の相手に対する欲求はミスマッチになっている。結果結婚は減る。少子化は進む。

よく社会認識や文化的背景を変えずに制度を変えるのは本末転倒、と制度改革に批判的な声がある。しかし女性が親権者と決まっているのは司法判断の結果だ。社会制度が社会認識をもたらしているのも明らかだ。

選択的夫婦別姓が30年経っても実現してこなかったわけ

ところで、結婚するときに女性が男性の姓に合わせる割合は96％と言うと、結婚しても別姓ならそんなことにはならないし、選択的夫婦別姓が実現しないのは、男たちに理解がないからだと批判が出ることはある。実際、政治家や経営者などの女性の比率は極端に低いので、男中心社会に対する批判は妥当であるかのように見える。

また、2023年3月には立憲民主党が同性婚の議員立法を提出することがニュースになった。男女間で結婚できるのに、同性間で結婚できないのは不平等だ、という気持ちはわかる。同性婚が政治課題として真剣に取り上げられるようになったのは近年のことだ。しかし選択的夫婦別姓になると、その運動の歴史は30年以上あった。実際1990年代には法務省の法制審議会で答申まで出されて、実現まであと一歩だったはずだ。でもできなかった。その理由は何だろうか。

個人にとって結婚は、好きな相手と性的な関係も含め、継続的なパートナーシップを維持することだろう。でも国にとって結婚は、子を産み育てるために保護し便宜を提供する制度（婚姻制度）だ。そんな中、同性婚と選択的夫婦別姓に共通するのは、既存の婚姻制度への参入の是非がテーマになっていることだ。

女性がアイデンティティとしての自分の姓を奪われたくないという感情も尊重されるけど、家名の存続という実利も保護される。同性婚にしても、立憲民主党の法案は、同性婚当事者が養子縁組によって子どもを育てられるように便宜を図り保護を与えようとしている。他の結婚家庭と同じようにしたい、という感情には、同じように子どもを家庭で育てたいという願いがある。だから、両方の当事者が争っている立法不作為の国家賠償請求訴訟の主張では、同性間、あるいは別姓で結婚できないことによる不利益の中に、「共同親権が持てないこと」というものが挙げられている。

非婚における単独親権規定の違憲性を国賠訴訟で争っている当の本人からすれば、「だったら婚姻外でも共同親権になるように応援してくれればいいのに」と思う。だけど、今のところその動きはない。

簡単に言ってしまえば、結婚すればたとえ中で不満があっても、「一人前」というステータスが得られる。国家も得点と保護を与えてくれるから、彼らの主張は結婚という特権階級の資格審査の緩和を求めているということになる。結婚は貴族階級、上級国民への入場チケットだ。未婚であっても父母関係は変わらず、家庭まで持てる共同親権になれば特権が犯されることになる。結婚の多様化（選択的夫婦別姓、同性婚）と親子関係の維持（共同親権）の制度改革が同時並行なら話はわかる。だけど、結婚の多様化だけを声高に叫んでも、そんなの結婚できる恵まれた一部の人の話じゃないか、と白けるだろう。

「貴族に新メンバーを加えようと思いますが、国民の皆さんどう思いますか」と聞かれたところで、庶民は「何言ってんの」と思うだけだ。このちぐはぐ感は、男女であれば誰もが結婚できた時代ならさほど感じられなかっただろう。しかしいまや結婚はぜいたく品なので、言えば言うほどひんしゅくを買う。

もし、親子関係（親権の議論）とパートナーシップ（結婚の是非）が切り離されれば、共同親権のもと結婚は「オンリーラブ」になる。未婚のカップルでも子育てにさほど不都合は感じなくなる。同性同士の「オンリーラブ」を拒む理由もないので、同性婚にも道が開ける。要するに、単独親権制度を維持した上で、選択的夫婦別姓も同性婚も無理筋なのだ。

少子化の原因は結婚減なので、結婚しないでも子育てができるとなれば、未婚カップルの子どもは増える。日本は結婚しないと子育てできないという規範がとても強いので、中絶件数は２０２０年には14万組となり、中絶大国であることが以前から知られている。

なによりも、「男はお金、女は家事育児」という性役割が固定化されているのに、それをうまくこなせる男女は減り続けている。たしかに労働環境は多様化し、それに応じて家族の形態も単一であり続けることは難しくなってきている。正社員家庭を演じても、つける仕事が非正規しかなかったら家庭は成り立たない。そんなのしちめんどくさいし、相手にそれを要求すればするほど結婚できるカップルが減る。だとすると、結婚をぜいたく品にしているのは、この男女間の性役割の押し付けだということになる。

この階級格差を解消しない限り、出生数が増えることもまずないのではないだろうか。つまり、結婚と親権の結びつきを絶つことが一丁目一番地の課題に本来ならなるはずなのだ。

「結婚＝入籍」戸籍が高すぎる養育障壁の正体

結婚で女性が男性の姓に合わせる割合が96％、離婚で司法が女性に親権を指定する割合が94％。「子育ては女の役割」というのは厳然たる事実だ。働きながらの子育ては割に合わないので「専業主婦」という「職業」が生まれ、「結婚って一生おごり続けることでしょ」と結婚を「めんどくさい」と思う男は口にする。

どうして日本の結婚はそうなっているのか、誰もが考えるだろう。これでは男性の育児「参入」自体、金も余裕もある人しか許されないぜいたく品だ。その上、他の国では単独親権民法から共同親権民法へと移行して、結婚していなくても男女で養育時間を分け合うことが可能なのに、日本だけが取り残された。現行民法でどんな現象が生じているかを詳しく見る前にこのことを考えてみたい。

まず日本に特有の事情として戸籍がある。戸籍自体は日本では当たり前のように考えられているけど、父母と未婚の子というユニット単位の登録簿を使っている国は、世界で今日本くらいだ。韓国や台湾、中国にも似た登録形式はあったものの、網羅的に国民全体を登録して、出生死亡や結婚などの身分の変動を明示する制度として機能しているのは日本ぐらいだ。多くの国は個人ごとに登録され、また、出生死亡や結婚など法的な変動ごとにファイリングされることが多い。

結婚は「入籍」と呼ばれ、戸籍への出入りとして表現される。現在の結婚では、結婚すると男女で新しい戸籍を作り、子どもが生まれればその戸籍に記載される。戸籍の中にいる人は同じ姓で統一されるというルールになっている。だから「入籍」するとどちらかの姓に合わせることになる。子どもは「家の子」になり、妻はなぜか夫からも「嫁」と呼ばれる。

戦前、「家」は民法にも載っている公式の制度でイコール戸籍だ。戸籍は家の登記簿のことで、家族とは戸籍の構成員のことを言った。会社の登記簿と発想はよく似ている。というのも、戦前の家は、農家や商家などを見ればわかる通り、経済基盤と一体化していてむしろ会社的だった。

明治政府は、この家を単位に民衆を管理統制して、家ごとに税を出させたり、兵隊を出させたりした。政府からすると家は支店のようなものだから、戸主と呼ばれる家長は支店長と同じだ。支店長は対外的に家を代表するだけでなく、対内的には社員の結婚（入籍）など、誰をメンバーにするかや家の中の様々な権限を持っていて無敵だった（戸籍の「筆頭者」はその名残）。家の構成員は社員とよく似ていて、看板である姓を名乗ってどこの所属か傍目からもわかり、支店長への服従を強いられる。

この家制度は敗戦とともに解体されたはずだった。徴税や徴兵が富国強兵の明治政府を支えて、その末に戦争を引き起こしたのだから、ＧＨＱ（連合国軍総司令部）も封建遺習としてこれを解体しようと思うだろう。

実際、父母である親権者と家長である戸主（おじいさんだったりする）を別個の存在とする根拠でもあった三代戸籍は禁止され、戸籍は現代のように父母と未婚の子のユニット単位で記載するようになった。ただ同一戸籍では単一の氏とするルールは残ったので、これを別々にしてもいいのではという議論が選択的夫婦別姓ということになる（ちなみに氏は一族の名称で、姓は「かばね」と呼ばれたように、天皇が与えた役職を意味する古い言葉だ。厳密には別物だけど、現在は混同視されているため本書でも厳密には分けていない）。

この過程に、個人の尊重と男女同権を定めた日本国憲法の規定が影響しているのは言うまでもない。民法ではどちらの家の氏を名乗るか（つまりどちらの一族に所属すべきか）は明記されていない。そうはいっても、前からの名残で結婚は入籍と呼ばれているし、夫の家に入っていた女性が男性の姓に合わせる習慣は今も続いている。

一方、親権は戦前においては父にあったので、離婚したところで親権者をどちらかに決める必要もなかった。戦後は男女同権なので女性も親権者になれる。そんなわけで婚姻中は共同親権が適用された。婚姻外（未婚と離婚）のときは父が親権者とはされなくなったので、性中立的にどちらか一方を親権者とする規定になった（未婚時は母が親権者で父にすることもできる）。これが今日単独親権制度と呼ばれる社会制度のルーツだ。

しかし実際、離婚するときに親権者をどちらにすればいいのか、基準は何も書かれていない。また婚姻中なら父母で話し合えるといっても、意見が違ったらどうするんだ、そんなつっこみは民法採用時にもされていて、ＧＨＱは共同親権における親権の調整規定がないことについて、起草にあたった民法学者に疑問を投げかけている。

ところが結局、規定はこのままになった。実際のところ、女性の発言権はまだ弱かったので、離婚において親権者を父とする習慣はしばらく続いたし、民法学者ももめたところで父親の意見が通ると考えていた。

この親権取得の割合が男女逆転するのは1966年のことだ。父母どちらにすべきか基準がないんだから、父親が親権者であるべきだという社会認識が薄まると、実際に子どもを見ている側を親権者にする以外にやりようがない、というのが実態だろう。母性神話が今度はそれを後押しした。

ところがいったんそうなると、それが以前から不変のルールのように思われてくる。その結果、司法は現在94％の割合で女性を親権者としている。述べたように1985年には第3号被保険者制度として、専業主婦の年金が夫の厚生年金から支出されるようになったので、専業主婦は制度的にも安定した。

これがいくら婚姻中に男性が育児にかかわっていても、離婚時には親権者が女性にされる理由だ。家（戸籍）の外にいる人間は、たとえ父母であっても法的な保護の対象とならないというのが家制度だ。もちろん、民法は父母と子の関係を規定している。でも例えば面会交流の調停を申し立てる手続きが裁判所にあったとしても、その手続きをとればこういう結果になるという根拠規定はない。

これが面会交流の調停を申し立てても、司法で取り決めを得られる割合がせいぜい5割で、子どもに会うのはよくて月に1度2時間程度という、世界的に見ても異常な司法決定の実態だ。単独親権制度のままの他の国でも父母の権限をここまで軽視している国はない。「家を乱して」と戸籍が差別の根拠になっている。

結婚は女性を家にしばりつける？

「結婚＝入籍」で、別れるときには女性が親権を得て別々の籍になる。そうすると父親は別戸籍になって他人になる（実際には親権者の母が父親の戸籍から子を引っ張り出す）。子どもができれば「パパお金、ママ家事育児」のルールに、個人個人が不公平だなと思いつつも、何となく抵抗するのが面倒になるそれが理由だ。子どもができたらワンオペ育児がスタンダードで、離婚したらなおさらそうなるわけだから、結婚なんて想像がつかない難事業になる。

現在、婚外の単独親権規定を廃止して共同親権を民法上原則とするかどうかの議論に、シングルマザー団体をはじめとした女性団体が反発している。もちろん彼らは司法では94％の割合で女性が親権を得られるのを前提に反対している。「意思決定でもめたら不都合」などの理由を挙げるものの、じゃあ自分が親権を手渡そうとか多分想像もしていない。また、単独親権によって相手との関係を絶てるから、夫の暴力から逃げられるという主張もある。しかし、単独親権規定は相手の子育てを否定するのが目的の規定ではない。だから、相手との接触を断つことができるという権限はもともとない。あるのは、家父長制の家制度のもとでは、戸籍外の親族関係は他人と同等という、明治民法から受け継いだ社会認識だけだ。

これらの機能が仮にあるとしたら、戦後民法改正の事情からして予定していたものではない。もともと姓は夫に合わせるし、親権を女性が単独でとるようになるとは想定されてもいなかったのかもしれない。しかし、基準がないので女性が親権をとるということなら、婚姻中の共同親権も意味がない。婚姻中の共同親権もまやかしで、現実的には単独親権なのだ。実体が伴わないなら婚姻外で共同親権にしたところで反対する理由も本来ないはずだ。目的外の機能や効果を理由に、法改正に反対するのは既得権以外の何物でもない。

実際、１９４７年に日本国憲法が施行され、１９４８年から家制度を払拭したはずの現行民法が施行されるまでの間の約半年間、「日本国憲法の施行に伴う民法の応急的措置に関する法律」では、第6条1項で「親権は、父母が共同してこれを行う」と規定されていて、共同親権は婚姻内に限定されていない。この法律の１条ではこの法律の目的を明記してあって「日本国憲法の施行に伴い、民法について、個人の尊厳と両性の本質的平等に立脚する応急的措置を講ずること」とある。

だから結局、子どものことでもめたらどうするか、という親権調整規定がありさえすれば、もともと父母の共同親権は原則なのが本来なのだ。民法改正時の民法学者の議論を見ると、子どもを早稲田に行かせるか、慶応に行かせるかで意見が割れたらどうするかという事例が挙げられている。しかしこれも、親の言うことに子が従うという慣習しか体験したことのない家制度の発想だろう。個人が尊重され、それだけの経済力がある家庭なら、子どもの希望通りにすればいいだけだ。現在の民法がむしろ、「男が結局決めるでしょ」という家父長的な発想で家の看板としての姓と同時に単独親権制度を残したのが、混乱の元になっている。

というわけで、単独親権民法の副産物の女性の単独育児を根拠に、共同親権に反対すればするほど、女性を家に縛り付けることになる。

だったらそんな面倒な婚姻制度なんて使わなきゃいいじゃない、と事実婚を選ぼうと考える人も出てくる。

「事実婚」カップルと子どもの連れ去り

歴史的には戸籍は天皇の臣民簿として明治時代に国内統一ルールとして作られたものだ。お家の存続のための家制度は、武士や公家にはなじみがあったものかもしれないけど、それまで庶民には苗字もなかった。登録されるのは日本人としての証で、今でも外国出身者と日本籍の人を区別するのが戸籍になっている。

ぼくは市民運動にいろいろ頭を突っ込んでいたので、家制度が天皇制を支えるための制度で、戸籍と結びついた婚姻制度に反対して事実婚をするカップルがいるということも知っていた。ぼくも結婚は形より中身が重要だからと、事実婚という形式で彼女といっしょになった。

ところが、事実婚といっても法的には未婚と同じなので、未婚で生れたぼくの子どもの親権は、民法の規定で母親の単独親権となっていた。それを父親に移動させることもできるけど、そうすると母親に親権はなくなる。

だからといって、子育てにおいて何か不都合があったわけではない。母親の連れ子も含めて保育園に通わせていた。行政は家族を世帯で見るのでぼくは保護者だとして扱われていたし、言われなければぼくたちが法的には未婚で、上の子と血縁関係がないことだってわからない。保育園の送り迎えも保護者参観もしていた。自治体の登録簿の住民票も、戸籍に習って世帯単位になっている。実際、当時住んでいた国立市の登録事務ではぼくのことは「夫（未届）」と明記されていた。

問題が生じたのは、彼女との関係が行き詰まって、子どものことをどうするかが具体的な問題になってきたときだ。民法には未婚の場合の親権者は母親となっているので、結局その時点で自分に親権があると知った母親がそれを急に主張し出して、最終的に子どもたちは母親のもとに行った。

その際、ぼくが子どもたちを一時見ていた時期もあったので、彼女は親権を盾に人身保護請求という問答無用の手続きをとり、その上で「会わせるから」と自分から言ってきた。ところが、任意でぼくが子どもたちを渡すと、その後裁判所の決定が出るまで2年半子どもと引き離した。その上、裁判所の取り決めは2か月に1回2時間に過ぎなかった。

彼女は子どもを人身保護請求で引き取るとすぐに、別の男性と結婚して子どもたちを養子に入れた。その男性はぼくの友人だったため、法律ってこんなこともできるんだと、心はズタボロになりながらぼくは驚いたものだ。つまり、「別姓がいいから事実婚がいい」なんて深く考えずに未婚でいると、こんな悲惨な未来になりかねない。

こういう体験をしたので、ぼくは他人には絶対に事実婚なんて勧めなくなった。事実婚のつもりだったのに急に親権を主張する女がいたり、事実婚だからと言ってバックレる男がいたり、関係が悪化したときに裏切りや責任逃れを正当化する。

戦前は、家督相続による家の存続を安定的にするために親権者の父親が、妾との間の婚外子（非嫡出子）を庶子として確保していた。相続における嫡出子と非嫡出子の差別は現在なくなっている。未婚の場合には父親がはっきりしないこともあるのだから子どもの観点からすれば、たとえ単独親権であったとしても親権者が決まっていることのほうがましだろう。ただ、結婚していたとしても、母親が別の男性と関係をもって、夫が父親でないことも一定の割合である。

要するに、法的に夫婦だったら、生まれた子どもは夫婦の子、と形式的にみなすのが現行制度なわけだ。セックスは結婚してはじめて可能という、今考えれば時代錯誤の想定に民法規定はなっている。

こういう制度のカラクリがわかると、「事実婚はどう」と聞いてくる恋人には、「何か魂胆があるのではないか」と考えてしまわないだろうか。実際、２０２１年には夫婦別姓のために、モデルの牧野紗弥さんが事実婚を表明し、メディアも好意的に取り上げた。法的には結婚状態から離婚するしかない。そうすると親権者はどちらか一方に決めるしかない。子どもは3人いたようで、夫ともその点について議論したようだ。

だから未婚で共同親権がないのはおかしいということになるはずで、その点は彼女も気づいたようだ。昔だったら、離婚を言い出したほうは家庭を壊したほうなので、親権を主張するなんてありえない話だっただろう。夫とすれば、ネットを見れば、親権がないと子どもと会えもしなくなる場合もあるとわんさと書いてあるわけだから、仮に彼女に親権を委ねると、子どもと会う会わないは親権者の善意に頼ることになり不安だろう。

その後事実婚に移行したとは聞いていない。夫婦別姓のために未婚を選べない原因は、結婚（男女の問題）

と親権（親子の問題）がいっしょになっていることなのは明らかだ。

性格の不一致は単独親権

離婚後の子どもの養育に関する契約でも結べば、未婚の夫婦別姓も多少は前向きにとらえられるかもしれない。実際、ぼくが未婚で子どもに会えなくなったという話を聞いた事実婚の弁護士（女性）は、それを夫に話すと、急に「契約を結ぼう」と提案されたという。母親の側が軽く未婚で事実婚を提案できるのは、何かあったら現実には母親が親権者でしょう、という安心感もあるだろう。実際司法に行けば94％の割合で母親が親権をとる。

「いやうちの夫婦は大丈夫。そんなことにはならないから」

だいたいこういう話を出すと、そう返されることがあるけど根拠はあまりない。連れ去りや親子引き離しの相談を受けていると、「そういう気配は全然なかったんです」という話を聞く機会も少なくないからだ。また、事実婚でやっていたはずなのに、いざ不仲になったときに、ぼくと同じように親権を主張されたという父親の話も、1件や2件ではない。

「でも男性の側からＤＶを受けている場合も多いから」

と女性が親権を取得することについて、正当化する意見も少なくない。

司法統計によると、司法に持ち込まれた離婚申立の理由の内訳（２０２０年）では、性格の不一致が夫60％、妻38％となっている。これがＤＶとなると、身体的なものは夫が９％、妻が20％。精神的な虐待では夫が20％、妻が25％となっている。あとは、異性関係や性的不調和、金銭問題、家族との人間関係などがある。比較的目立つのが妻の離婚理由の第1位の金銭的問題で40％となっている。離婚理由を暴力に求める男女の割合の差は、女性の側が比較的割合が高いにしても、94％が母親が親権者になる理由を説明できるわけもない。

この割合は裁判所に持ち込まれた案件についてのものだ。裁判所で離婚するためには相手に家庭を壊した原因があると言う必要があるため、身体的な暴力など、DVの割合が高いことが考えられる。裁判所を経ない協議離婚の場合には（令和2年度法務省委託調査研究「協議離婚に関する実態調査結果の概要」サンプル数1000）、「性格の不一致」が63・6％で、身体的な暴力は7・9％となっている。このアンケートでは「金銭的な問題」という項目はなく、「経済的暴力」という項目が設けられ、割合は13・5％。「精神的な暴力」は21・0％になっている。

性格の不一致はどちらか一方が家庭を壊した、と言いにくい双方の問題であるにもかかわらず、子どもについては単独親権で、理不尽なことにどちらか一方が全面的に責任を負わされるのだ。そして性格の不一致で離婚するにもかかわらず、94％の割合で司法では女性が親権を得る。これにどのくらいの男女が納得できるだろうか。有利なのは、夫を子育てから排除したい女と、「子育てなんてやってられるか」という男だ。

実際、司法に持ち込まれる面会交流の調停・審判の新受件数は、2009年には約8・000件だったのが、10年後の2019年には15・512件で倍に伸びている。面会交流調停は子どもと引き離されないと申し立てないものだから、この件数の伸びは連れ去りや引き離しの件数の伸びと一致しているだろう。理由はともかく、「母親が子どもを手元に置けば親権がとれる」、あるいは「男女ともに子どもを手元に置いておかないと親権がとれない」ということが一般に知られるようになったので、このような結果になっているのだろう。

性格の不一致は男女変わらず離婚理由の1位で推移してきた。それが、近年では妻の側が離婚理由に身体的暴力を主張する割合は減っているものの、男性の側は増えている。精神的虐待のほうは、男女ともに増えているけど、男性のほうが伸び率が大きい。独身研究家の荒川和久さんは、「この20年で『離婚したい理由ベスト3』が激変…男たちが夫婦関係で悩んでいること」の中で、離婚の元凶は「金と暴力」と述べている。

これはその通りかもしれないけど、DVは男性がするもので、すれば社会的地位を失うと学んだ男性が身体的な暴力をしなくなり、逆に女性から虐待を受けていることはもちろんある。あるいは、精神的DVと女性が主張する項目を見れば、男性にも当てはまるので、自分が被害者だと自覚する割合が高まったということかもしれない。

実際、ぼくも前のパートナーに「そういうところがDVなのよ」となじられるという精神的DVを受けたことはあり、そういう男性の側の訴えは相談を聞いている限りよくある。当時は死にたくなったけど、警察庁発表の「令和4年中における自殺の状況（付録）」を見ると、自殺の動機で「夫婦関係の不和（DV）」の項目では、女性27人に対し「男性72人」となり、いかに男が追い詰められているかがデータで示されている。

最近は夫が生活費を渡さないことも経済的DVと呼ばれる。しかし、ぼくのように育児にかかわりつつ、妻に経済的な負担を求めたら破綻した夫婦もいるので、これを「経済的DV」と呼べば、「男はATMかよ」と言いたくなる。

「経済的暴力」と呼べば比率が下がるのは、「金銭的な問題」は、男女の家族観の違いに起因する部分が大きいということを示している。男性へのお小遣い制は日本ではありふれているが、海外だと男性への経済的な搾取としか扱われないだろう。とすると、金の問題は全部ではないにしても「性格の不一致」と呼べることになる。要するに相手と「合わなかった」ということだ。

しかし述べたように、相手と合わなかっただけなのに、別れた夫は全然子どもにかかわらず金も払わなくなる。相手と合わないというのは仕方ないけど、子どものことはかわいがっていた人もいる（むしろそういう人は多いだろう）。だけど子どもとは一生会えなくなる。そして司法では子どもを確保した方に親権がいき、母親が94%の割合で親権をとるという事実に対して、すんなり従う父親も母親も減っているので、親権争いは苛烈になっている。

そうするともちろん、本来なら協力できただろう父母もそうはできず、単独親権制度のもと、かつての恋人だった父母は憎しみ合うだけでなく、子どもは片親を一生失う羽目になる。

理由がないと離婚できない

「相手と合わなかった」というので離婚しちゃだめなの、と考える人もいると思う。

日本では協議離婚と言われて、離婚届けを役所に出すだけで離婚が成立するので、離婚したくてもできない、という状況は考えにくいかもしれない。だけど世界的に見ると、こういう離婚の仕方は珍しい。離婚は裁判所の許可を得て成立するという国が少なくないからだ。

多くの国は、結婚を子を産み育てるための社会制度として法で定め利用してきた。それがうまく働けば、人口が増えて経済も活性化し、税収も上がり、戦争にも勝てて他国の領土や資源を奪ってより強い国になる。戦前の日本はまさにそういう国だった。

そのためにはなるべく多くのカップルができ、子どもをたくさん産んでくれるといい。結婚を社会制度化した婚姻制度はそのための装置として機能して、保護と同時に得点も得られる。具体的には国がお墨付きを与えることによって他のカップルと区別して優遇する、社会保障等で有利になる、などで、婚姻制度はその目的のためには当初はうまくいって成果も上げた。

この制度が安定的に維持されるためには、本人たちの希望をいちいち汲んでいたらなかなかカップルが誕生しないし、簡単に離婚してもらっても困る。また夫婦の実態があったからといって、届け出て「入籍」されないと法的には結婚とみなさない。戦前の民法は、実際に同居する世帯ではなく、一つの戸籍に書かれた紙の上の親族関係を「家族」と呼んだ。そのため結婚も相互の契約という意味よりも、戸籍上の一家の形式を整えることが重視される。家の継承のために相続の制度も整えられた。「結婚して親になってはじめて一人前」という意識が醸成されれば、結婚は上級国民への入場チケットになる。逆に言うと、この枠組みから外れると、二級国民として差別や迫害の対象になる、というと大げさに聞こえるけど、要するに損する。

なので、未婚の若い男女がいると、親切心で周りがあれこれおせっかいをして結婚相手を斡旋する。その場合には、以前なら親が結婚を決め、似たような家庭環境や階層の人が対象になる。戦後は、終身雇用のもと正社員サラリーマンになる層は分厚くなったので、職場結婚や見合いで結婚した人は少なくなかっただろう。要するに、手ごろな結婚相手が近くにいたし、それを斡旋してくれる社会環境もあった。逆に言うといつまでも独り身でいるのは許されない。家族が「正社員化」する。

そんな中で離婚を言い出すのは社会体制への挑戦になる。単に相手と合わなかった、嫌いになった、なんて個人的事情は許される余地は少ない。何しろその中に納まってさえいれば、相手から殴られようが、なじられようが、一応は社会的には安定した地位に止まることができるからだ。なので法的にも離婚するには条件を課せられる。感情の問題ではない。

つまり不貞の場合のように、家庭を壊したのが明らかな場合でもなければ、もう一方が拒めば離婚を裁判所は認めない。それ以外の場合には、相手からよっぽどひどいことをされた場合でないと離婚できない（法定離婚事由、民法770条）。婚姻制度は国が保護を与えるものなので、それから外れるには国の審査が必要ということになる。双方が合意できていても不公正がないように司法を通して離婚する国が多い。

日本の場合には、協議離婚によって双方離婚で合意できている場合には、司法判断を経ずに離婚できる。これは離婚の自由があるということではなくて、むしろ家に合わない嫁を家の都合で自由に追い出すことができるという理由による。「追い出し離婚」という言葉が日本にはあったし、今もある。法定離婚事由があるのは、たとえ離婚を言われても、納得がいかない場合には、国の保護を得て妻や夫の地位を守ってもらうことができるからだ。

なので、女性の地位が向上して、男性と同じようにどんな仕事でもつけるようになっても、夫が反対したら理解を得られない夫との関係を清算する必要も出てくる。実際に以前は民法で夫に妻の就職の同意権があった国は多い。自分が不貞したわけでもなく、まじめに働いて家庭を支えていた夫の側からは、ワガママで理不尽に見えるだろう。

しかし「相手と合わなかった」「嫌いになった」という言い分が許されなければ、女性が男性と同じように社会の中で責任ある地位を占めることはできないので、「離婚の自由」は今日では認められるようになってきている。離婚するときにどっちが悪いとはっきりさせなくても離婚できる、それは権利ということになる。

結婚による家計の発生

ぼくは事実婚の解消を含めて離婚経験はあるものの、もともと自分の収入が多くなかったので相手から慰謝料という名目の解決金を求められた経験はない。その後、子どもに会わせたくないので養育費も受け取りたがらなかった元妻の言い分に悩まされたことはあったけど、お金のことでもめた経験はない。

しかし、子どもに会えなくなった親たちの相談を聞いていると、できなさそうな金銭請求をされて経済的に困窮する人は少なくない。しかも離婚を言い出しているほうが、民法752条の「夫婦は同居し、互いに協力し扶助しなければならない」を根拠とする婚姻費用を別居しながら請求する。その上子どもとは会わせない。絶望して自殺する父親（母親）も毎年いる。どうしてこんな理不尽なことになるのだろう。

結婚が破綻した際にどのようにお金が動くかについては藤沢数希さんの『損する結婚　儲かる離婚』（新潮新書、2017年）という本に詳しい。

藤沢さんは結婚を「所得連動型の債権」という金融商品として説明している。結婚と離婚で動くお金の内訳は、慰謝料、財産分与、婚姻費用の3つだ。結婚後は家庭への収入は夫婦2人の共有物になる。離婚する場合は、共有物を2で割るので、結婚前の自分名義の財産は除外して婚姻期間中に築いた財産は半分で分け合う。この場合、妻（夫）が仕事をしていなくて無収入でもそれは同じだ。「内助の功」があって夫（妻）の稼ぎが維持できたという、あまりイマドキじゃない理由だ。

婚姻費用というのは離婚が念頭に置かれた時点で夫婦ともに知ることになる法律用語で、業界では「コンピ」と言われる。結婚が継続している限り、たとえ別居していても収入がより高い夫は妻にコンピを支払う法的義務が生じる。妻が収入が高ければ妻が夫に支払う。子どもがいない場合のコンピは、単純に夫の基礎収入と妻の基礎収入を合計し、それを2で割ることによって計算できる。基礎収入というのは、額面の収入から税金や必要経費を引いて残る額だ（自営業者だったら所得）。

実際は裁判所では、総収入に収入毎に決まった係数をかけて基礎収入を算定し、コンピの額を割り出している。互いに収入と子どもの人数を入れればコンピの額が一目でわかる算定表を裁判所は用意しているのだ。算定表を見ればコンピの額は一瞬で決まる。ローンの負担を一人でしているとかは考慮に入れられない。また、近年この負担割合を高める算定表の変更を最高裁判所はしたため、実際には支払えない額の請求をされて、借金をしてコンピを支払うなんていう状況も度々聞く。

もちろん、コンピよりは養育費の額のほうが少ないので、だったら早く離婚してしまえばいいと思うだろう。でも結婚している限り困らない程度の定収入は入るので、受け取るほうは離婚しないほうがいい。大金持ちの妻なんてなおさらだ。なので裁判所では離婚については明言を避けて引き伸ばし、コンピを受け取り続けることもできる。支払うほうは「コンピ地獄」に陥る。

一方、妻（夫）は夫（妻）に慰謝料を請求して離婚を迫ることもできる。というのも、述べたように、夫のほうに不貞や暴力などの離婚事由がなければ、妻の側が請求しても裁判所が離婚を認めるとは限らないのだ。5年も10年も離婚が成立しないこともある。これは不貞や暴力をした側の離婚請求を認めれば、被害者にとっては踏んだり蹴ったりになるので、有責配偶者からの離婚は認められないという判例によっている。これを有責主義という。

何も悪くなくて性格が合わないだけで離婚を請求された夫の側も、この先ずっとコンピを支払い続けるよりましと、手切れ金として一定程度の慰謝料を支払って関係を清算することになる。この場合の慰謝料は、違法行為に対する精神的な損害に対する法的な意味での慰謝料ではなく「解決金」だ。

藤沢さんは「結婚債権の価値＝離婚成立までの婚姻費用の総額＋離婚時の財産分与額＋慰謝料」という計算式で、このお金のやり取りを説明している。結婚したとたんに、これだけのリスクを負うことになったら、男はちょっとためらうだろう。その上、妊娠したとたんにバックレてコンピだけ受け取り続ける確信犯もいる。

働いてより収入を得たほうが損をすることになるので、経済面では専業主婦には都合がいいかもしれない。しかし高収入の女性は割に合わない。法律は性中立的なので、夫より稼ぐ妻も「コンピ地獄」にはまる。婚姻届けを出すというのは、こういったお金の動きを伴う行為だ。

アメリカなどで離婚した場合にどうするか、あらかじめ決めておく婚前契約をするカップルが増えたり、あるいは、婚姻によらないパートナーシップのあり方が法的に保護の対象になったりするのは、こういった婚姻制度の融通の利かなさを原因としているのもあるだろう。

だいたい、離婚したいほうがコンピを請求するなんて、権利の濫用で法の悪用以外の何物でもない。算定表があるからといって、それを易々と認める司法もどうかと思う。解決金なんて実際は「手切れ金」でゆすり以外の何物でもないけど、司法ではまかり通る。

本来は弱者保護が目的なのに、有責主義はワガママの道具になって弱者を作り出している。実際、他の国では離婚の自由を認めて破綻主義に移行した国が多い。

ただ藤沢さんの説明には、子どもとこのまま一生会えなくなるかもしれないという親の恐怖心は考慮外だ。親権を失えば子どもと会う保障がなく、民法は離婚に伴い単独親権を強制するので、親権を維持するためだけに、「コンピ地獄」を甘受してまで離婚を拒み続ける夫（妻）は少なくないのだ。しかもコンピは性中立的に多い方から少ない方に動くのに、親権は94％の割合で司法では女性に行く。

子どもはお金には代えられない。そんな父親たちの増加が、「合わないから」という理由での離婚を認めたにしても（破綻主義）、子どものことは別だろうと婚姻外の共同親権を諸外国が採用してきた原因だ。

「離婚は縁切り」の日本

家庭に縛り付けられていた女性が自由を手に入れるために離婚する。でも子どもは父母の子だ。どうする？

なんてことはどこの国でも考えられて、それに対応する形で共同親権の法制度が整えられていった。

だいたい日本と同じように、ほかの国でも親権はどちらか一方にある単独親権が普通だったわけで、親権は父親にあった。子どもは父親の財産や持ち物として扱われた。動物愛護法ができる前の動物の扱いとあまり変わらない。娘を女郎屋に売るのも親の権利だった。

それでもやがて女性が親権をとれるようになって、アメリカで『クレイマー、クレイマー』が上映された1979年には、親権は女性になっていた。国民国家をサラリーマンと専業主婦の中間層が支えるみたいな、一昔前の日本と似たようなモデルには、そのほうが都合がいいのだろう。

この映画は、親権争いの映画で、アメリカで当時大ヒットした。母親が幸せを感じられない家庭生活に別れを告げて家を出る。今まで仕事人間だった父親が子育てに悪戦苦闘する。だけど裁判所では母親が親権者になる。というのが大雑把なストーリーだ。だいたい今の日本と似ている。ただし「似ている」とぼくは15年前から聞いていた。

その後アメリカでは、1980年代に共同監護（育児の平等な分担を目的にした共同親権）の法制度がカリフォルニア州を皮切りに全国に広まっていった。ほかの国も、だいたい似たような経緯をたどって、両親の子育てが継続する共同親権が広がっていった。

そりゃそうだろう。どっちも悪くないと離婚の自由を仮に認めるにしても、父親のほうからしたら、だったらなんで子どもを母親が引き取るんだ、ということになる。女性の側にしても、自分一人で子育てする羽目になるなら、仕事を男性と同等にこなせるわけないし、離婚自体もためらうだろう。なので、共同親権は離婚の自由を保障するための法的な配慮として広がっていった。当初はフェミニストも支持した。

ところが日本の場合はほかの国が次々と共同親権になっていった中でポツンと取り残された。注意していいのは、日本の単独親権制度は、父母どちらが子どもを見るべきかということよりも、家の秩序を重んじるので、別れた後に父親がチラチラ顔を見せること自体、毛嫌いして縁切りにする。

ほかの国では父親にも「訪問権」が認められてきたのに、日本の父親（母親）は追い払われる。父母が別れても子どものために引き続きかかわったほうがいいと思っても、その両親は「そんなの聞いたことない」「別れたら縁切りだ」と強要する。他の国は個人主義で登録も家族単位ではない。戸籍があるからこうなるのだろう。

共同親権じゃなんでダメなの？　どうして単独親権制度が続いたか

じゃあ日本の法制度がとりわけ遅れていたかと言えば、今はそうかもしれないけど、戦後男女平等の日本国憲法ができた後は、そうでもなかった。ほかの国で女性が就職するのも夫の許可がいるような状況の中で、結婚に関する法律は「両性の平等」が原則になり、男女とも親権をもつ共同親権になっている。

ところで、このときに日本国憲法に合わせて一時的に「応急措置法（日本国憲法の施行に伴う民法の応急的措置に関する法律）」として半年ほど、婚姻内外問わず共同親権だったということは述べた。できた新民法は、婚姻中のみ共同親権になって後退している。

このときに策定にかかわった民法学者たちの座談会が後に公開されている（許末恵『親権と監護』等参照）。離婚したら共同で決めるなんてそんなの無理でしょ、という程度の議論しかされていない。一方で、婚姻中であっても意見が食い違ったらどうするんだ、というGHQですらつっこんだ疑問には、まともに答えていない。「どうせ父親が決めるから」ということで配慮しなかったのが実体だ。法的な配慮のなさについて、女性が力を持つようになればむしろ法改正は望ましいと、彼らが考えていたことがわかる。

しかし、母親が父親にもの言えないから法的配慮は必要ない、ではなく、実体がそうであっても法的保障は確保しておくべきだ、というのは男女平等の見地からすれば王道だ。民法学者もそのズルさを自覚していたようだ。そして「応急措置法」は「日本国憲法の施行に伴い、民法について、個人の尊厳と両性の本質的平等に立脚する応急的措置を講ずることを目的とする」のだから、現行民法の将来的な改革の方向性は応急措置法による共同親権になる。

その後、親権の取得の男女比が１９６６年に逆転する。そこから先は女性が親権をとれる割合が年々上がり、今司法で94％の割合で女性が親権をとるという形で高止まりしている。そんなわけだから、「親権は女性じゃないか」という批判に対し、「女性の権利が後退する」なんて反発するのは筋違いになる。既得権以外に説明しようがないのだ。民法学者たちの間で議論がなされたように、男女の親権取得の割合が平等になった１９６６年に、婚姻外も共同親権にして男女の平等を民法で実現しておけばよかったのだ。

そんな動きはちっともなかった。婚姻外で共同親権にするなんていう発想自体がなかったというのもあるけど、結局、婚姻外への法的配慮なんてそもそも家制度の発想からは生まれようもなかったということなのだろう。ついでに言うと、共同親権に反対する理由に、単独親権制度があたかも女性を暴力から守るための制度であるかのように言う人がいるけど、見ての通り、現行民法の単独親権制度の立法目的は家制度だ。仮にあっても（それすら疑問だけど）既得権の副次的効果にしかすぎないし、女性が親権を得る割合は94％なんだから、既得権者に暴力の加害者はもちろんいる。

共同親権は、親子間の家族関係を法的に保障するものなので、個人間のつながりを基盤としている。父母子を単位とする戸籍に納まりきれない。今だって離婚再婚を繰り返す男女や、再婚して養子縁組をするカップルもいて、ずっと前に別れた人の子どもの親なんて把握していない人はたくさんいるだろう。戸籍に親が登録されていればそれですむので、父母が養父母になっていて、父親が実は母親の再婚相手だなんて子どもが知らないことだってある。何より、それを前提に福祉も社会保障も、そして法務省が自治体に受託させる戸籍事務もすべて成り立っていて、それぞれにぶら下がって仕事を請け負っている人がいる。それらは産業と呼べるレベルに成長している。何より家庭裁判所が戸籍事務の処分官庁だ。

その現状を共同親権は大きく変えるきっかけになる。父母子を単位とする戸籍は個人登録など別の方法に移行しないと、離婚再婚が繰り返されていく中で紙の上の家族と実際の親子関係が食い違い、どちらを優先すべきかで常に紛争の種になる。戸籍は本来、家族関係を規定した民法の手続法のはずだ。その手続きのために家族関係の法律を変えないでいるなんて、本来順番が逆なのだ。

天動説が地動説に変わるようなそんなややこしい話、戸籍をもとに法と制度を積み重ねてきた、事務方の法務省の役人がやりたがるわけもない。問題点が生じていると気づいてはいても、渦中の栗を拾う勇気は誰にもなかった。というか、法務官僚に現行法のメリットはあっても、法改正のメリットはあまり感じられないのだろう。

夫婦同氏＋単独親権制度＝家制度

「日本は単独親権制度」と言うとき、婚姻外において親権をどちらかに決めなければならない、という意味で専ら用いられている。しかし民法の歴史をたどると、婚姻外に単独親権が残ったのは結果であって、もともとは（父による）単独親権がスタンダードだったことがわかる。

戦前のルールは、家長である戸主が家を代表する。戸主と親権者は一致する場合が多いけど、戸主がおじいさん、親権者がその息子の場合もある（三代戸籍）。親権は父親、氏は戸籍という紙の家の表札で、構成員は同じ氏（姓）になる。家父長制と呼ばれるこのルールでは、子どものことで夫婦が意見が違っても、最後は父親が決めてもめたりしない。「子どもは家のもの」なので、離婚すると母親が子どもを連れて家を出るなんてことも、まずできなかった。

これが戦後になると、戸主は廃止され日本国憲法は男女平等を規定していたから、女性も親権を持てるようになり、一応婚姻中は共同親権になった。「一応」というのは、親権者どうしが子どものことで意見が違った場合、どうするか解決のしようがなく、戦前と同じように結局は妻は夫に従うだろう想定されていたので、親権の調整規定を欠いていたためだ。本当にもめたら、離婚するか先に実行した者勝ちにするしかない。

ぼくの場合は、入れたい保育園とか勝手に手続きをとられて、「じゃあ自分の分は自分で稼いでね」と言ったら離婚になった。つまり、家父長制の伝統を引き継いた単独親権のベースがあるところに、部分的に共同親権が取り入れられただけなので、もめたら実力行使しかやりようがないのだ。そういう意味では婚姻中の共同親権も、実際のところは保障されていないハリボテだとわかる。

最近は母親が子どもを連れ去り、「連れ去り離婚」と言われている。以前は母親は家から追い出されて「追い出し離婚」と呼ばれた。１９６５年までは、離婚時には父親がもっぱら親権者だったので、母親が追い出されていた。今は母親が親権者になるので、父親が追い出されている。母親のほうが子どもといる時間が長いし、父親は仕事をもっているのでできないというのがもっぱらの理由だ。連れ去り離婚を「現代の追い出し離婚」と呼ぶ法律家もいる。

というわけだから、「単独親権制度」というのは、単に未婚時に親権者をどちらかにするという制度と言うに止まらず、もともと戸主や親権者による単独決定が想定されている家経営が、現代の制度の中に残っているものとして考えたほうがいい。家の中で普段は妻が子どもの面倒を見ているのに、何か子どもが問題を起こすと「あなた何か言ってよ」と夫に解決を求めるのは、そういう発想から来ている。逆に夫のほうは「お前がちゃんと子どもを見ないからだ」と責任転嫁をはかろうとする。実態は全然共同親権じゃなく、どちらも責任を負いたくないのだ。

要するに、ピラミッド型の家族秩序の中で、単独決定という意思決定を正当化するのに、同姓を強制して一体感を高める装置として、家という団体思考が維持されてきた。「夫婦だから」と一体感を演出することが強いられるので、実際は不満たらたらながら、力のある方に従っているというのが実体だ。だから、権利意識に基づいた個人思考なんて育ちようがないし、家の外に追い出した元夫に対して、子どもと引き離すなんて残酷なことも正当化されてしまう。

余談だけど、昨今民法改正が話題になるとき、「共同親権制度の導入」とメディアは議論を提示することが多い。しかし民法改正の歴史を見れば、これは「単独親権制度の廃止」と表現した方が適切だろう。婚姻内外問わず共同親権になるには、対等な二者間の意見の調整規定が必要とされる。そこではじめて、結婚は「家に所属する」こととして一律に規定されることではなくなり、男女（あるいは同性同士）が個人としてパートナー関係を結ぶことに、積極的な意義が持てることになるだろう。

親を交換する　同性婚と選択的夫婦別姓議論の死角

先に選択的夫婦別姓の運動が30年以上の歴史を持ちながら、今日においても見込みが立たないことについて触れた。結婚は「上級国民への入場チケット」で勝ち組の特権、ぜいたく品なのだ。どうしてそうなるかと言えば、愛し合っている2人のパートナーシップという意味よりも、結婚は「子を産み育てる場＝家庭」を維持するものとして国が保護と得点を与えてきたからだ。

これによって国は介護が必要な人や子どもなど、ケアの機能を家庭に押し付け、女性がそれを無給で賄い、男性を経済戦争という戦場に送り出してきた。戸籍制度のもとの富国強兵策を戦後も基本的に受け継いで経済成長を成し遂げた。

ところが、三代戸籍も禁止されて、都会に人が出て行くと、世帯の単位も父母子の核家族型が増えたので、ケアが必要な人が家庭内に生じると途端に父母だけでは賄えなくなる。子どもが多すぎても無理がある。地域の支えがなければ、そんなのができるのは、お金持ちか周囲の手助けが期待できる大家族ということになる。というわけで、どんどん結婚はぜいたく品になっている。もちろん少子化も進むだろう。

そんな中での選択的夫婦別姓や同性婚の主張も、この「結婚＝父母による子育て家庭」モデルを自分たちにも規制緩和してほしいという願いの表現になっている。でもこれだと、結婚はぜいたく品のままだから「貴族の議論」で国民全体を巻き込めないし、戸籍が外国人を排斥する日本人の登録簿である以上、普遍性もない。それに同性婚をして子どもの親権を同性カップルで持てるようになったとして、その子と生物学上の父母との関係はどうするのだろう。

戸籍制度のもとにおいては、戸籍に明記された父母こそが「正式な父母」なので、それが生物学上の父母である必要は全然ない。離婚するとむしろ、「子どものために再婚しなさい」と母親は進められるし、父親は「子どものことは忘れて幸せになりなさい」とやはり再婚を勧められる。

母親（父親）は再婚すると、再婚相手の子にするために、子どもに成り代わって（代諾）養子縁組を再婚相手との間ですることができる。そうすると、父母は養父母に読み替えられて子は嫡出子となる。逆に生物学上の父親は、もはや養育責任を問われることもなく、養育費の支払い義務もなくなる。自分の子どもなのに会わせてもらえなくなるどころか、仮に養父が虐待していても、親権者変更すらできなくなる。代諾養子縁組は国連からも批判を受けている。父親（母親）の承諾も裁判所の審査もなくなされてしまうこの仕組みは、「親交換システム」に他ならない。日本における父とは、「母親の彼氏」なのだ。

普通養子縁組と言われる日本の養子縁組制度は、再婚の場合だけでなく、相続のために孫を養子にしたり、さらには同性カップルが同姓を名乗って同一戸籍に入り、疑似的な結婚をしたりするためにも用いられ、民法学者の間ですら「無目的」と批判される。実際は家の継承のために必要とされた制度だ。ほかの国では、身寄りのない子どもや、親が何らかの事情で養育できなかった子どものために養子制度が設けられている。だから、生物学上の父母との関係は通常絶たれる。日本でも特別養子縁組として海外同様の制度が取り入れられてきたものの、普通養子縁組もあるし、歴史も浅く戸籍に履歴も残り、利用者は限られている。

「結婚＝父母による子育て家庭」モデルを維持したままで、結婚制度を規制緩和して夫婦別姓や同性による結婚を取り入れると、子どもとの関係で混乱が広がるのは目に見えている。もともと姓は家の看板（表札）なわけだから、看板が2つになれば子どもの姓をどちらかにしなければならないということ自体、あまり意味のない問いかけになる。また、同性による結婚で、例えば女性同士のカップルでどちらか一方が男性との間にもうけた子であっても、代諾養子縁組で母母の子にすることもできるとする。「女の腹は借り腹」というのが批判されるのに、同性カップルを祝福するために「男は種馬」にしないとならないのだろうか。

もちろんこれは何も同性婚の問題にかかわらず、現代の不妊治療の問題などでも生じる問題だ。しかし、同性婚を認めるために、これらの問題に結論を出すというのだろうか。離婚して親権のない親の同意を経ず、結婚によって子どもを同性相手の子にすることができるのは、異性間の再婚養子縁組の場合と同様だ。親交換の対象が、異性から同性にも広がることに父親（母親）が戸惑ったところで、その知らせはもとより来ない。

また、特別養子縁組によって身寄りのない子どもを養子にすることができるとする。特別養子縁組は、父母との関係を絶つものなので、たしかに養子縁組に際し父母の同意が必要だ。しかし、今日においては、虐待された場合などにおいては、父母の同意は例外的に不要とされている。そしてこの虐待の定義は年々緩和されている。もちろん、ここでも何も同性カップルが結婚して特別養子縁組する場合に限られた話でもない。しかし、同じく同性カップルを子育て家庭にするために、特別養子縁組は活用されるべく設けられた制度なのだろうか。だったら、父母がそろっていなくても養子縁組がなされるようにしないのはなぜだろう。

これらは、「結婚＝父母による子育て家庭」による社会制度を前提とするために生じる問題だ。だったらその前提自体を変えるほうが議論は素直ではないだろうか。子どもは父母から生まれそれは結婚するしないかかわらず変わらない、つまり共同親権が法的に規定されていないからいろいろな問題が生じる。

逆に言えば、戸籍と結合した結婚制度を前提に、選択的夫婦別姓や同性婚の議論をこねくり回している以上、それらは実現しそうにないし、戸籍制度のための単独親権制度による親子断絶と親交換は行われ続けるだろう。

結婚して子どもができたら「懲役20年」

1章では、結婚が減っていることについてデータとともに指摘し、その原因を考えてみた。結婚を希望する53％の女性が希望通りにならない。結婚のコスパは年々悪化しているので、結婚希望者が減るのは当然に思えてくる。本書でぼくは結婚観についてスタータスの問題として考えてみた。女性は自分のステータスは上がるけど、男性は結婚しないと自分のステータスが維持できない、あるいは下がることになる。だから体裁のために結婚するカップルが一定程度いる。

身も蓋もない見方だけど、コスパが悪いのは、結婚がぜいたく品で、中に入ればやりたくなくても一定の役割を強制されて、しかも賃金という報酬もないからだろう。

日本では特有の「お小遣い制度」で男性は得た収入をすべて女性の管理の元に移管することが多い。ぼくは絶対勧めないけど、これだと会社だけでなく家でも組織の意向が優先され、自分の都合を述べればワガママ扱いされる。もちろん女性もその状況はそんなに変わらない。

でも、勢いで結婚をする人は少なくないし、とりわけ若いうちは「運命の人」だと思って、結婚する人だっているでしょう、という反論だってくると思う。もちろんそれでうまくいっている人もいるだろう。若いうちは特に結婚にあこがれる人は多いし、若い男女がセックスしたいと考えて、まじめな人?が結婚でそれを達成しようと考えれば、したがるというのはわかる。

結婚はどこまで自分の意向だろうか、あるいは周囲の都合だろうか。昨今SNS上で盛んに取り上げられたOECD国を対象にした「世界価値観調査」から抜粋したグラフは、2017年〜2020年の性別、未婚／既婚で分けた幸福得点度のランキングが一目でわかるようになっている。（次頁参照）

これを見ると25カ国のうち、日本は未婚の男性の幸福度は一番低く、女性の場合は逆に未婚だと一番幸せのようだ。また女性の場合は既婚でもそこそこ幸せのようだけど、男性は結婚してもそこまで幸せとは言えそうにない。男は結婚すると幸せになり、女性はそうでもない、という単純なことではないだろう。

もともと何を「幸せ」と感じるかは人によって違う。未婚の男性は社会からあまり大事にされないし、孤立しがちなのかもしれない。結婚しないと半人前で、金がないと結婚できないという風潮だと、そんな恵まれた若者は一握りだろう。孤立した人が結婚してステータスを確保しても、今度は妻に依存すれば、結婚で自由を

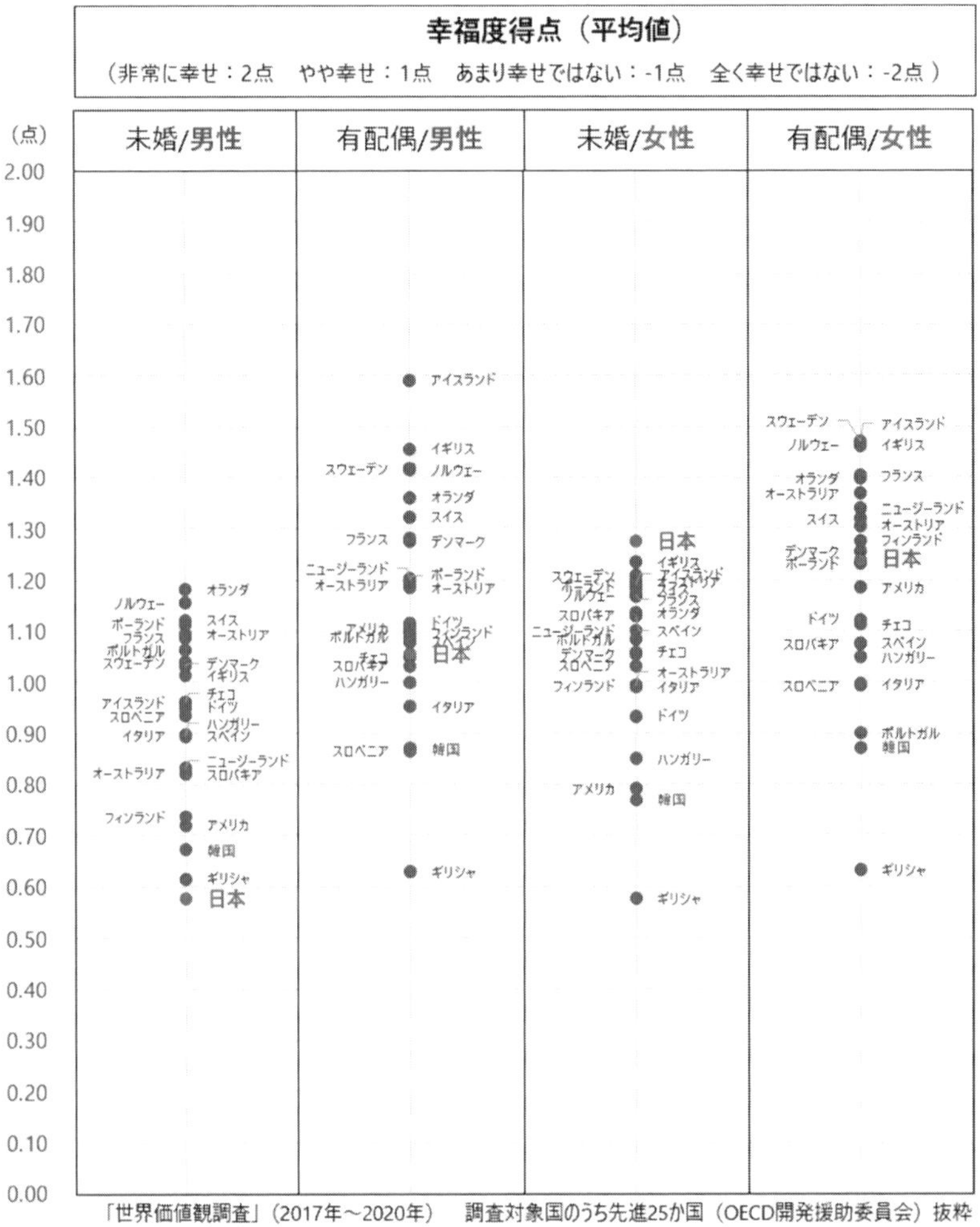

「世界価値観調査」（2017年～2020年）　調査対象国のうち先進25か国（OECD開発援助委員会）抜粋

図　すもも作成

手放した妻にとっては負担に感じるかもしれない。

荒川和久さんは、女性が結婚しないのは、結婚すると「不自由になり」「友人や家族や職場との関係がなくなる」恐れがあり、結婚に対しては「家族という新しい社会を手に入れることができ」「経済的余裕が生まれる」ことを女性が期待していると解釈している。要するに結婚に代償を求めているということになる。

南の島で一人旅をしていたり、一人で登山をしていたりする女性で、看護士を見かけることが多い。激務にしても時間もお金も融通できる人が結婚して、家庭で性役割を強制されれば、結婚したところで「こんなはずじゃなかった」と思うだろう。一時の愛では賄えないレベルになっているので、もっぱら女性の側が申し立てる離婚は数が増え、3組に1組と言われるまでになっている。

ぼくは子どもと引き離された男女の相談を何年も聞いてきて、結婚したカップルのうち、3分の1は破綻して離婚に至り、3分の1は破綻しているけど仮面夫婦のような関係を維持し、残りの3分の1ぐらいがそこそこ関係を維持している、という感触を持っている。

荒川さんは、全体的に女性と比較して男性は「結婚するメリットを感じていない」あるいは「結婚するメリットが減っている」と指摘している。自分に求められているものが、愛ではなく金で、家庭内ではお小遣い制で支店長程度の役割をさせられる。離婚経験のある知り合いの男性は、再婚して子どもができたときに「懲役20年」と口にしていた。

周囲の期待に応えて結婚を考える人もいるだろうし、家のために見合いを繰り返す人もいるかもしれない。しかしその先に待っているのがこんな現実だとすると、無邪気に結婚したいという人には「一度やってみたら、ダメだったらいつでも相談に乗るから」と、不幸の手紙のようなアドバイスをしたくなる。というか、結婚の実体を知って若い人に無邪気に「結婚はいいよ」と言える人の方がどうかしている。

もはや結婚によって確保されるステータスが見合わないレベルにまでなっていて、結果結婚は避けられている。同棲しても結婚には踏み切れないだろう。損をするってわかっているからだ。

男を排除して生き延びた家制度

いろいろ見てくると、戸籍とセットの婚姻制度をこのまま維持しても多くの人があんまり幸せを感じられないのがわかってくる。でもどうして変わらないままに来たのだろう。

もちろん、結婚はステータスなので、周りがみんな結婚すればそういうものだと思うだろう。でも周りを見渡せばみんな同年配の人が結婚しているとは言い難い状況にだんだんなってきている。

「女は結婚して子どもを生むのが幸せ」とか「男子厨房に入るべからず」とか、昔ながらの性役割観に疑問を感じない人は、今日では時代遅れと言われがちだ。だから、伝統的な右派勢力が変化に強固に反対している、ということだけが理由とも言えそうにない。

ぼくは単独親権制度を廃止する法改正を求めているけど、法を自分たちのものと思ってきた司法官僚が、共同親権への移行は男性の養育障壁を撤廃するものだという主張に既得権から反対するのはわかる。ただそれ以前に有利不利というレベルで男女が戦わされる構造があると思う。

戦後の民法改革では、戸主権と家督相続を廃止し家制度の解体が目指された。でも、改革は中途半端で、父母子という単位で一律同姓の戸籍制度という形で家制度は生き延びている。戦前の家父長制のもとでは、もともと女性が親権をとれない単独親権制度だった。

新民法では、見せかけだけ男女平等にして婚姻中だけ共同親権にしてみた。実際は家庭内の決定権は男性が握っているのが前提だし、婚姻外の単独親権で女性が親権をとれないこともこれまで通りだった。ところがこの親権取得の割合が男女逆転して、親権選択で女性の方が親権者になる確率が年々上がると、今度は、共同親権は復古的なバックラッシュだとフェミニストたちは批判するようになった。

戦後民法改革の中途半端さを知ると、だったら「婚姻中も単独親権にしようと言えばいいのに」と思う。まさか「婚姻内外問わず女性を親権者にしよう」とは言えないのだろう。既得権擁護と言い返されても仕方ない。

でもよく考えてみれば、親権を女性がとれるようになったのは、女性が男性と同等の社会的地位を得るようになったからではない。前と同じように、男はお金、女は家事育児という役割分担と家族スタイルはずっと続いてきた。女性がつける仕事が昔よりは増えてきても、そういった性役割がきちんとできている家庭こそが正統に感じられることすらある。女性を働かせる男性が批判されることもあるので、むしろ強化されているかのようだ。制度的にもお腹を痛めた母親が親権をとれないなんておかしい、引き離されるなんておかしい、という批判が女性が親権をとれるようにしてきたのなら、男性の側が子育てに口を出すなんてことは、かえって反発を受けるということになる。

要するに、家制度は男性を子育てから排除することによって、母親片親親権（父なき家父長制）という新たなスタイルで生き延び、強化されてきた。逆に言えば、父親片親親権だった時代においても、父親が育児を担当していたわけではない。妻だけでなく家全体で子どもを見ていたので、「家風に合わない」とか言われるし、言うことを聞かない妻は追い出されかねない。昔の男女同権は、主人に対して主婦という言葉を作り出し、良妻賢母風に家庭内の性役割的な実権を握る方向に向けられた。婚家に行った娘が夫は嫌だからという程度で戻ってきたって、実家に居場所は簡単には見つけられなかっただろう。

しかし、男性を育児から排除するのが当たり前になり、親権が取れるのが確実なら、経済的な心配がなければば離婚に対するハードルは低くもなる。後は家庭内別居にするか、離婚して養育費を確保するかの違いだ。

有責配偶者からの離婚請求や婚姻費用の請求がなされて、夫の側からの怒りの相談を寄せられることも少なくない。これなども、「パパお金、ママ家事育児」のバリエーション、というか延長だ。夫と不仲で離婚するといっても、妻の実家も「ワガママ」と批判するより「孫といっしょによく戻ってきた」と歓迎するかもしれない。何のことはない。家制度が父系から母系に変わっただけだ。

もちろん、自分が金としてしか見られない男性の側からしたら、これは人権侵害にほかならない。戦前の日本でだって、女性が親権をとれないといっても、子どもを生み育てる女性に対する敬意を欠いた放蕩三昧の振る舞いをすれば、男性の側にしたって「家をおろそかにした」と周囲から批判されただろう。しかし、現代においては、むしろいかに非情になれるかが、親権を取得して経済的な基盤を安定させるかの帰趨を左右する。

簡単に言えば、子どもを連れて家を出て、子どもを囲い込んで引き離せば親権は確実に得られ、子どもを武器にしさえすれば金も引き出せる。今日、「誘拐された」と子どもと突然会えなくなった父親たちが、声高に主張する背景には、こういった事情がある。

でっち上げDV

「ある日突然子どもと妻がいなくなって、それからずっと会えなくなる」なんて話を聞くと、それはその人がよっぽどひどいことをしたからで、裁判所に行けば会えるだろう、と思っている人もいるかもしれない。事はそんなに単純ではない。

というのも、司法が子どもから父親を引き離すのは、法を男女平等な社会づくりに合わせなかった結果だと言えるかもしれないけど、そこで生じた既得権から利益を得る人もあちこちに生まれるようになったからだ。もちろんその最大の既得権者は司法や法務官僚だ。彼らは戸籍事務も含め、既存の法秩序の上で割り振られた仕事をし、それでお金を得る。もしかしたらそれぞれの額は少額かもしれない。しかし、少額で善意でしているという意識が強ければ、かえって既得権は手放したがらないだろう。

地域で身近な、困りごとの相談相手の民生委員の仕事だって、無戸籍の人を戸籍に入れることだったりした。法務省に限らない話だけど、天下り先だって、大学法学部や公証役場、弁護士事務所とか、家事司法に関係なく行ける先だけでなく、家事調停委員など特有の仕事先もある。子どもとわざわざ引き離して会わせる支援機関も開発してきた。名誉と老後のお小遣い程度の謝礼があるだけでなく、団体としては多額の税金が投入されるようになっている。

これらすべてが、男性を子どもから排除して金を得るように作用している。しかし他官庁と違って、これまで裁判官や調停委員、法務省出身者が批判を受けて天下りを取りやめたなんて話は聞いたことがない。

まず「ある日突然子どもと妻がいなくなった」といっても、行き先ぐらいはわかるだろうと思う。実家に戻ったぐらいだったらまだ修復の可能性もなくもないかもしれない。しかし、行き先がわからないとこちらからは連絡のつけようもない。

警察に行くと「奥さんは安全なところにいます」と言われることがある。その場合は、シェルターなどに保護されている場合が少なくない。その状態で市役所に行って住民票で所在地を知ろうとしても、知ることができなくなっている。DV被害者に対する支援措置が出ていて、住民票の非開示措置がなされているのだ。

こういったDVシェルターは、売春防止法の公的施設を二次利用しているものが多い。民間施設は、国や自治体からの助成金を得て経営を成り立たせる。

ＤＶ加害者への措置だから自分には関係ないと思うかもしれない。だけど、非開示措置は、女性センターや警察などへの相談履歴があれば自動的に出る。弁護士も「相談してきて」と言ってアドバイスし、それで市役所で住所を隠す。もちろん弁護士がいないと、こういうことは一人では思いつかない。

相談すればいいだけなので、それが実際にＤＶかどうかの審査はない。一度出ると、異議申し立てもまずできない。司法で却下されるおそれもある保護命令よりはるかに簡単に出るので、いちいち弁護士は保護命令を出すより住所秘匿してしまえばいい。手続きの最中に子どもを連れ去り、あるいは監護権指定で子どもを確保すると、支援措置で子どもを囲い込んで引き離すという、明らかに法の悪用の事例もある。

これを虚偽ＤＶと呼ぶかどうかには議論がある。実際に「自分はＤＶじゃない」と言っても、その人が自覚がないだけかもしれない。でも、「子どもを連れ去られて逃げているのがＤＶがあった証拠」なんていう主張は「オオカミが来た、と言うのがオオカミがきている証拠」と同じくらい子どもダマシだろう。

子どもと引き離された親の相談を聞いている限り、心当たりのない暴力を主張されたという事例は少なくない。診断書を出す医者が特定の人に偏っていることもある。また暴力被害の態様がどれも似通っていて、あんちょこがあるのも容易に想像がつく。しかし濡れ衣を晴らす手続きも、罪を償う機会もないままに、役所内では要注意の目印のフラッグを立てられ、隣近所で「あの人はＤＶで妻が逃げた」と噂を立てられることになる。

単独親権産業と人質交渉の現実

妻（夫）子がいなくなった後に、運よく連絡が来るとする。以前なら「以後の連絡がこちらに」という書き置手紙といっしょに、机の上に弁護士の名刺が置いてあったりした。最近は誘拐の手助けと言われるので、弁護士は、妻が単独で子どもを連れだしてしばらくして受任した、という形式をわざわざ演出する。やがて弁護士から連絡が来ると、以下のことを条件に離婚に応じるようにという内容になっていることが多い。

見てみると、婚姻費用（あるいは養育費）の額や慰謝料が書かれている。コンピの額は大手企業の正社員で働いていると20万を超えているなんてざらにあるので、自営業者のぼくは、妻じゃなくてぼくを養ってほしいとよく思う。

面会交流については月に1回とか書いていたらいいほうで、「子どもが希望すれば」なんて書かれていることも多い。「子どもの希望に応じる」と言えば聞こえはいいけど、もちろんこの時点ですでに子どもには「パパに会いたい」と自由に言える環境はない。信じがたいことに、会わせるどころか、子どもの写真を送付するというのまである。何で子どもを連れていかれているのに、慰謝料まで請求させるんだと怒っている人も多いし、離婚を切り出されたことで無力感を感じる人も少なくない。

子どもにあまり愛着を感じていない人なら、もしかしたらドライに条件交渉に応じる人もいるかもしれない。子どもが武器になるかどうか試しているところは弁護士側にもあるだろう。弁護士はとりあえずクライアントのために最大限の利益を手に入れようとはするので、相手の感情なんてちっとも考えないで挑発しもめさせる。子どもとの関係を父母が十分もったほうが、子どもにとっても母親（父親）にとっても長い目で見たら利益になるなんて発想は、これまで弁護士たちはしてこなかった。

なおぼくは、連れ去り直後に「子どもを探したり警察に訴えることは違法になります」という文面を、連れ去った夫側弁護士から携帯に送ってこられた人のメールを見たことがある。明らかに虚偽で違法だ。その弁護士事務所の所長は以前は調停委員をしていて、現在は法務省の人権擁護委員をしている。司法の相場観を知っているが故に、それを悪用する発想も生まれる。

こういった交渉は人質交渉にほかならないので、応じないと向こうが離婚調停を申し立ててくる。同時に婚姻費用分担調停も申し立てられることが多い。繰り返しになるけど、離婚を言い出しているのにこんな請求は明らかにおかしい。しかしお金の計算はやりやすいので、裁判所は先に認定して、互いの収入を算定して収入の多い夫（妻）の側が離婚が成立するまでコンピを支払う羽目になる。

弁護士の側は、請求の不当性を知っていて兵糧攻めにして早く離婚を成立させるために、あえてコンピを請求してくる。相手が怒れば子どもを会わせない理由にする。また、不貞をした側は家庭を壊した側なので、先手必勝で子どもを確保し、むしろ責任転嫁するためにDVをでっち上げる場合もある。

人質交渉では「子どもに会いたかったら離婚しろ」「子どもに会いたかったら養育費を○○万円払え」なんて不当請求がされる。ぼくは弁護士名義の違法な脅迫文を日常的に見る機会がある。もちろん弁護士会に懲戒請求するように勧める。しかし弁護士会は違法行為を擁護する。

離婚に応じ要求通りの養育費の額を支払うことに同意したとする。ところが支払先を、妻の側の弁護士の口座に指定されることがある。これは弁護士が養育費をピンハネするためだ。もちろん養育費は子どもが成長する上で必要とされるお金なので、母親が自由にできるお金ではないし、弁護士が手をつけていいものでもない。子どもの服や靴や食べものや教育費に本来充てられるべきものだからだ。しかし、安定的で定期的な収入を得られることから、弁護士は現在養育費のピンハネを公然と行なっている。日弁連や法務省は批判されても黙認している。

カモられる親子たち

子どもと会うのはいったいどうなるだろう。面会交流支援をする家庭問題情報センター（ＰＰＩＣ＝エフピック）は家庭裁判所の調査官ＯＢによる天下りの受け皿の公益社団法人だ。養育費相談支援事業などに例年5000万円超を国から得ている。

この団体は面会交流支援もする。利用料は月1回限定で3時間1万5000円だ。家庭裁判所はこのＰＰＩＣの利用基準に合わせて面会交流の取り決めを斡旋、あるいは決定する。この利用額は民間の助成を受けていない団体よりも高いことがある。しかし、ＰＰＩＣは税金を納めない。

ＰＰＩＣのほうは、利用料については父母で折半を勧めている。でも、子どもを見ている母親（父親）が支払いたくない場合には、お金の負担は父親が全額持つことになる。交通費や宿泊代もだ。ここでも人質取引が当たり前になされている。もちろん約束を守らないところで、お咎めはない。

ＰＰＩＣは、「当事者間の合意に任せる」と言いつつ合意内容に介入しないという。しかし父親（母親）のほうが、「引き離されていい」「連れ去られていい」なんて合意をしているわけではない。子どもの写真撮影は禁止、学校訪問したら援助をしないなんて、別居親だけに適用される人権侵害の利用ルールを押し付けられる。見てきたような説明に、「本当か」と思う人もいるかもしれない。ぼくもＦＰＩＣの利用は体験したことがあるし、ＤＶに対する対応については、行政関係者から直接聞き取った実情もある。また、2022年には、弁護士事務所がクライアントにどのようなアドバイスをしているかの録音記録がネット上に流出した。その内容は、別居すれば婚姻費用がもらえる、子どもを連れて黙って家を出る、急いで別居・連れ去った者勝ち、養育費・婚姻費用の10％が弁護士報酬など、概ねここで説明したようなことが録音されていた。その弁護士事務所は、「日本一の離婚弁護士事務所」として、クライアントの集客のセミナーまで過去していた。

子どもを先に確保してお金を引き出すこれら行為のすべてがうまくいくとは限らない。弁護する側は、女性の自立のためにしているつもりかもしれない。でも実際は男性から金だけとって会わせないことが多いわけだから、子どもに手はかかるし仕事にも出られず、結局、結婚中と変わらず元夫に経済的に依存することになる。

いずれにしても、うまくいこうがいくまいが、弁護士は多くの手続きをとればとるほど、着手金としてお金が入る。事件1件につき30〜50万円くらいだ。うまくいけば継続的に養育費からピンハネができる。10万の養育費なら1万円だ。10人集めれば月10万円。クライアントが無収入でも、法テラスといった公的な助成制度があるので、本人は費用の心配をすることなく、弁護士に依頼することができる。弁護士は増えていてボーっとしているだけで仕事が来るわけではない。弁護士としては、相手ともめればもめるほど、お金が入るわけだから、子どものためにお互いがいい解決はなにか、なんていう発想にはなりにくい。

以上すべてが、男性を子どもから排除することで成り立っている。これらはもはや産業だ。法務省や家庭裁判所と癒着した離婚弁護士が儲けてビルを建てる。彼らから見たら男はカモとして見られているだろうし、女も金を引き出すためのオトリのようなものだ。もちろん、子どもと引き離されてカモの側に入れられた女の境遇は、差別が根深いだけにもっと厳しい。しかしフェミニストは味方にならない。

家庭内で暴力を受ける男たち

もしかしたらあなたは男性が被害者になるということについて、イメージが湧かないかもしれない。大学でジェンダーの授業を受けた人にとってみたら、この世は男中心で、女は虐げられている、という発想のほうがしっくりくるかもしれない。ただ、全体的な構造が仮にそうであったとしても、個別の関係においてはみんながみんなそうであるわけでもない。

また、男中心の部分があったなら、その裏表の関係で女中心の部分がなければ社会は成り立たないだろう。特に家庭内の男女の関係は、1対1の関係なだけに、それが男が女を必ず支配する関係になっているかと言えば、そうとも言えない。

わかりやすいのがDVだ。忘れられがちだけど、DVは双方向的なのが普通なので、女性が受けたと同様の暴力を男性も受けていることも少なくない。

市民団体の「子育て改革のための共同親権プロジェクト」が、2022年に子どもと離れて暮らす別居親を対象にアンケートを実施した。541人中、実に70％が重複含め、身体的、精神的、性的、経済的なDVの被害を訴えていた。16・9％は身体的な暴力もあった。

殴る、蹴る、刃物を突き付ける、朝まで正座させられて説教をする、服やカードをハサミで切る、「そういうところがDVよ」となじる、などという女性からのDVの悩みを日常的に聞いているので、その結果にぼくは当然としか思えなかった。

この結果を霞が関の司法記者クラブで記者会見し、20社以上が話を聞いて、「驚愕の結果なんですが」と感想を吐露する記者はいた。しかし1社も報じなかった。記事にまとめたものの、デスクに握りつぶされた記者もいた。よっぽど男性が被害者になっている、という事実は、現体制にとっては都合が悪いことなのだろう。

ここでぼくは、だから女性が加害者で悪者、と言いたいわけではない。男女間の性役割のあまりに著しい偏りが、男女ともにストレスを抱えやすい状況を作っているのが、DVの原因だろう。「男というだけでなんで俺だけ金稼がないといけないんだ」「女というだけでなんで私だけ子育ての責任を負わされる」と思っている男女が、その不満のはけ口をそばの人間にぶつけることはありそうなことだ。

実際に、DV被害者の男女比率は2対3でずっと変わっていない。男性はDV被害を認識していない人や口にするのが恥ずかしいと思っている場合も多いので、この比率の差はもっと小さくなるかもしれない。腕力、経済力などで夫を上回る女性はいる。また、男性が暴力を振るわないとわかっていれば腕力は関係ない。子どもは女性にとって最大の武器だ。

男女間の力関係は逆転することもある。妻からやむことない暴言を受け、1度暴力をふるった男性が、今度はそれを揚げ足にとられ「そういうところがDVよ」とサンドバックにされる。問題は、男女ともに被害者にも加害者にもなりうるという現実があるにもかかわらず、法も支援も、女性が被害者という想定でしか成り立っていないことだ。

DV被害者の男女比率が2対3にもかかわらず、司法が女性を親権者にする割合が94%なら、親権者の中にDV加害者が多く含まれているのは想像ではなく事実だ。児童虐待の加害者で一番割合が高いのも実母だ。親権者には虐待の加害者が多く含まれているのに、それを抑止する父親は、司法によって子どもから排除される。公的シェルターで男性を受け入れる場所はほぼ0。DV被害者支援で国の政策立案に大きな発言力を持つ「全国女性シェルターネット」も、男性の受け入れは想定していない。

全国に女性相談は多くあり、そこに行けば弁護士の斡旋からシェルターへの避難までワンストップで対応してくれる。男性相談は電話相談がもっぱらで回数も限られ、対面相談はなく、電話しても話を聞くだけで支援は終わる。

そんな状況をSNSに投げたら、妻から暴力を受け、ネットカフェ難民になったり、会社に避難したりした経験のある人が「私も」と名乗り出た。車はよく知られた男性たちの避難先だ。そんな実態を警察に相談しても、「奥さんは安全なところにいます」と加害者として扱われるだけだ。

結婚したらシングルマザー　自立する女性も割を食う

もちろんこういう法や援助のありようは、女性にとっても好都合とは限らない。

女性が被害者になれば保護される立場になる。家庭内で夫の暴力などで悩んで、トイレのカードや電車の中吊りに電話番号の書いてある女性相談に行くと、家を出てシェルターに入り、弁護士を紹介されて離婚する、というワンパターンな援助以外にあまりメニューは充実していないようだ。

シェルターは場所の秘匿が求められるし、外出や携帯電話などの持ち物についても制限を受ける。仕事を持っている女性にとっては利用しやすいとは言えないだろう。とはいってもずっとそこにいられるわけでもないので、母子寮や自分でアパートを借りて移り住み、弁護士を雇い夫との離婚裁判をするということになる。

子どものことはかわいがる人だったから、子どもは（元）夫に預けてでも仕事をしたい、なんてことになれば、援助を引き上げられるかもしれない。夫が暴力をやめてくれさえすればいいんです、と言っても、そんな方法を女性支援は用意していない。また、自分の暴力行為を止めて夫との結婚生活を継続させたいと思って相談に行った女性が、「あなたは何も悪くない」と言われてかえって苦しくなる、ということもある。

保育園の入園や県営住宅などの入居は、ＤＶ被害者は優先的に行われる。子育てを手伝ってくれるファミリーサポートなどのサービスも受けられる。しかし、父親が見てくれるならこれらサービスは不要なので、行政サービスを受けるためにも父親と子どもは引き離す必要がある。要するに、子どもから夫を奪う側にならなければ援助を受けられない。

ＤＶの定義は年々拡大している。警察や女性相談に行った時点で、ＤＶ被害者としての扱いが始まり、新しく生活を依存しているだけに、そこから抜け出すのはエネルギーが必要になる。実家に戻れば当面の生活は安心できるかもしれない。しかし、娘がDVを主張して戻ってきて、好き好んで夫に子どもを会わせようとする祖父母はまずいないので、この場合も、子どもは囲い込まれる。

こういった実態の中で、養育費の受け取り率は2割程度の低水準で推移してきている。いくら父親に経済的な責任を果たしてほしいと願っても、援助は父親が養育にかかわるのを望まない。そもそも母親もわずらわしくて取り決めをしない。

父親は裁判で争って親権も奪われて、子どもとの接触も制限されれば、それで払えというほうが虐待だ。というか「なんで親権もないのに金を出すんだ」と思うだろう。シングルマザーの支援をしているNPO大手の「しんぐるまざぁず・ふぉーらむ」は、子どもと引き離された母親は入会できない。

こういう状況の中で、日本のひとり親世帯の貧困問題が出口不能に陥っている。これはぼくがあれこれ論じることもないけど、日本のひとり親世帯の就業率は85・9％（女性全体の就業率は6割）でOECD諸国の中で最高なのに、相対的貧困率も55％を越え、2位のルクセンブルクが4割を切っているから抜きんでている（畠山勝太「〝ひとり親〟世帯の貧困緩和策―OECD諸国との比較から特徴を捉える」（OPINION 2017年4月10日）。政策と法律が、女性を単独で子育てさせるインセンティブに満ちているわけだから、こうなるのは当たり前だ。

もちろん、こういう結果になるのがわかっているから、本書で何度も繰り返したように、男が女の仕事である子育てにかかわれば、領分を侵すリスクを伴う。それでもめるぐらいだったら、割り切って一生懸命働いて稼いだほうが、男は家族のためと思うだろう。

世界一幸せな日本の未婚の女たち

こういった実態を日本の女性たちは知っているのではないだろうか。先に、女性の場合は、未婚の女性がOECD各国の中で一番幸福というデータを示した。女性は結婚してもさほど幸福度のランキングが落ちないものの、男性の場合は、未婚では一番幸福度が低く、結婚してもさほど上がらないというグラフを紹介した。

野村総合研究所（NRI）の林裕之さんは3年に1度、全国の1万人に対して実施している「生活者1万人アンケート調査」（2021年が直近の調査）について記事にしている。このアンケートでは幸福度を10点から0点までの11段階で調査し、既婚者・未婚者における幸福度の比較を行っている（林裕之「『増える独身』と『4割に迫る単身世帯』の実情とは」（東洋経済ONLINE 2022年9月29日）。

たとえば女性40代では幸福度は2021年調査では既婚者で7・4、未婚者で6・5となっていて、既婚者のほうが幸福度は高い。女性の30代や50代でも同様の傾向だ。

ただ、女性40代未婚者の幸福度平均値は、2009年では6・1だったものが2018年では6・3、2021年では6・5に上がっていて、未婚者側の幸福度上昇は高いと林さんは言う。女性の30代や50代でも同様の傾向を示している。記事を書いた林さんはこれを、「あえて結婚を選択しない人が増えていることが、未婚者側の幸福度上昇にもつながっている」と分析している。単身世帯はこの間大幅に増えているのだ。

「女の幸せは結婚して子どもを生むこと」という価値観は、結婚したら自分一人で子育てしなくちゃいけない、見返りに金は必要、という現実の前に敗北しつつある。同時に結婚を就職と割り切ったところで、そういう条件に合う男性は年々減っている。男性を養ってまで結婚をするという女性はまだ少ない。となれば、消去法で結婚しないで独身、キャリアを積むという選択肢しか残っていない。

といっても、結婚しなくても自由だしそこそこ幸せに生きていけるなら、それでいいとも言える。女性にとっては、結婚はしたほうがいいかもしれないけど、しなくてもそれはそれでいいと思える選択肢になっているので、損得で結婚を考える人はますます増える。

たとえゼクシィが幸せな結婚への憧れを売り続けても、こんな状況では結婚産業が先細りなのは明らかだ。いくら「女がいつまでも結婚しないのがよくない」と政治家たちが言ったところで、それに縛られる必要はない、というメッセージはいまさら否定しようがない。

「アウトロー」を選ぶ男たち

よく子どもを連れ去られて、お金だけ払って子どもとは会えなくなる羽目になった父親たちと話すと、「こんな風になってるなんて知りませんでした。みんなが知ったら誰も結婚しなくなるんじゃないでしょうか」という感想がすぐに出てくる。

ぼくは、2018年にアメリカの男性の権利運動の映画『レッド・ピル』の上映会を日本で行なったことがある。2016年にアメリカで上映されたもので、映画は監督のキャシー・ジェイ自身による、男性の権利活動家たちへのインタビューで構成されている。映像はアメリカで性役割によって苦しむ男性の姿を可視化させ、「男性たちも、社会の中で犠牲を払い、不利益を被っていること」に気づいた監督は、「女性が弱く、不利な立場にある」というフェミニストである彼女自身の前提を徐々に疑うようになる。そのためオーストラリアでは危険視され上映禁止運動まで起きた。

この映画で紹介されている問題意識自体は、これまでぼくが本書で説明してきた、日本で男たちが置かれた立場やその背景にある法制度などの社会制度と共通のものだ。従来男女平等は女性の側からの公正や平等を求める運動として考えられてきた。しかし男性の側も女性とは違った観点での不公正が社会の中に存在している。その是正を求める運動がアメリカでは男性の権利運動（Men's Right Activism＝ＭＲＡ）と呼ばれている。家制度がない分、子どもの問題でアメリカの男性が置かれた状況は日本よりはるかにましだ。それでもアメリカでは司法の権限が強力な分、養育費の未払いで収監される男性が数多い。親権をめぐる司法や法制度の不公正はアメリカのＭＲＡの中心的テーマだ。

ぼくはこの映画の上映運動を通じて、性役割の中で男性による犠牲や不利益について、これまでモヤモヤしていたものについて多少なりとも理論的な肉付けを得ることができた。日本ではＭＲＡは単純にアンチフェミニズムとして紹介される傾向がある。しかし男女平等を求める運動に対してフェミニズムが性の違いによって反発するなら、問題はフェミニズムの側にあるということになる。

一方で、この映画の最後でもちょっとだけ紹介されているけど、性差によって男性の側の犠牲や不利益が可視化されたとしても、それに対しての男性の側の反応として、それを利用しようとするもの、その社会制度から離脱をしようとするもの、とＭＲＡとは別にそれぞれ理論や運動がある。男性の尊厳を取り戻したいと考えれば、家父長的で復古主義的な主張になる。フェミニズムでも女性性を強調する流派はかなり保守的に見えるので、もしかしたらそれぞれ対照的になっているのかもしれない。

一方で、日本でも「草食系男性」や「非モテ男」という呼び名で、女性との付き合いを極力避ける男性たちが可視化されてきた。独身研究家の荒川和久さんは「ソロ活」と呼び、こういった生き方にむしろ積極的な意味づけを与えようとしているように見える。

本書の冒頭でも紹介した「結婚って一生おごり続けるってことでしょ」という達観は、コスパを考えれば案外合理的かもしれず、企業戦士としての単一の生き方を強制されてきた男性たちのスト宣言ともいえる。実際、差別と畏敬は表裏一体ながら、僧侶や聖職者など、どこの国でも、そういった男性の社会的地位を確保する身分制度もあった。

ぼくも離婚を経験して子どもとも会えず出家を目指した男性の話を聞いたことがある。近年単身での地方移住や修験者などの生き方が前向きに紹介されているけど、そういった欲求の表れとして見ることもできる。

こういった男性たちの生きざまは、アメリカでも Men Going Their Own Way（MGTOW＝ミグタウ）と呼ばれ認知されてきた。女性との付き合いを極力避ける男の生き方だ。子づくりのための婚姻制度に人々を縛りつけ、セックスレスは離婚理由として主張されるのに、日本では今年、不同意性交罪が法制化された。セックスすれば後からレイプだと言われ、言うことを聞かなければＤＶとレッテルを貼られて、親権争いでは負けて子どもには会えずに金だけ支払わせられ続ける。なんて現実は、いくら女性と仲良くなりたいと思ったところで、男性にとってはリスクが高すぎということになり、そこから離脱するということが合理的判断というわけだ。

また、長期間女性と交際できず、結婚をあきらめた男性は、インセル（「結果としての独身」Involuntary Celibate の合成語）という呼び名を与えられている。中には社会への恨みから女性に対する銃乱射事件などを実行する人もいて、社会問題化している。日本でも２０２１年の小田急線での無差別刺傷事件は、女性が標的にされたものとして知られている。

ここでぼくはどの生き方がいいとか、こういう生き方もあるから安心して、なんて気休めを言うつもりはない。ぼく自身は、男性を子どもから排除する現行民法の法改正を求めてきたし、そういう意味では社会的な不公正の是正を自身の生き方の中に組み入れていると言える。でも、結婚も離婚もしたことがない人にとっては、もしかしたらそれ自体ぜいたくな悩みかもしれない。ぼくも最初に結婚したのは29のときだし、20代のころは女性と付き合ってもいなかったし、30代以降の人生がどうなるかなんて描けもしなかった。

ただこういった男性の置かれた境遇を放置することは、社会全体としては危険だ。また男女かかわらず社会を構成する個人には重い負担を課すことになるのは、実体験として言える。

何よりも、あからさまな不公正のもと、法制度や司法においても差別的な扱いを受けることは、文字通りアウトロー（Outlaw）として生きていく覚悟を迫られるものだ。虐げられた人々のエネルギーは、マイナスに働けばテロリズムになり、プラスに働けば社会を変える原動力になる。しかし、たまにロビン・フッドが出ることはあっても、自己肯定感を傷つけられた中、全員が乱世を楽しむ余裕はないだろう。であれば、現実の不公正を知った上で、それに完全に取り込まれて危ない橋を渡るよりも、希望を抱いて社会の中で生きていくことはできないだろうか。

III 子育て家庭倍増計画

結婚は原発

以前環境問題に関心の高いぼくの友達が結婚するとき、「持続可能な結婚」というのを目標に掲げていた。「公約」通りに結婚生活は続いて子どもも生まれている。

だけどこれまで説明してきた通り、現在の婚姻制度の実態は原発みたいなもので本質的に持続可能性がない。破綻主義への傾向が強まり、昔みたいに離婚は片方に暴力があっても周囲が止めるほどの「犯罪」ではない。２０１１年の東日本大震災の原発事故までは、原発は安全で生活を豊かにしてくれると多くの人が信じ込まされていた。今は原発再稼働を求める世論も強まっているけど、「絶対事故は起きない」と思って原発に賛成している人はあまりいないだろう。

一度事故が起きて問題点が可視化したので、それを受け入れて生活するというのは、万全の対処をとった上でさらにリスクを引き受けるだけの価値があるという判断をとるか、問題点を考えないようにするかのどちらかしかない。

結婚も家庭生活で一時の盛り上がりや快適さを楽しむことはできたとしても、他人どうしのパートナーシップに絶対うまくいく保障なんて何もない。若いうちは勢いで結婚したにしても、その内実がそんなにバラ色でもないとわかったら、じゃあいったいそれからどうするのだろう。

むしろ家族だからこそ、自分が何かしようとすると、現在の安定を維持するために他の家族のメンバーから反対されることは普通だ。そしてその意見の違いを調整する機能は法律にはなく、耐え難い状況の解消は離婚という選択肢しか用意されていない。親族や隣近所の抑止機能もすでにない。

子どもがいたら未来はさらに明るくない。お互いに子どものことを真剣に考えているから意見が違うことは珍しくないのに、そうなるとやっぱり離婚して親権をどちらかに寄せ、一人で全部面倒を見る。もう一方は口を出せないどころか、会うことすらままならなくなる。

結婚中でも子どものことで意見が違ったら「先にやった者勝ち」になる。ぼくも子どものことを考えて子どもの通園先とかで意見を言ったら、そのときのパートナーは、「もう転園の手続きしてきたから。あなたが挨拶してきて」と言われて、経済面ではぼくが見ていたので相当いやな経験をした。しかもその後彼女は他の男性と暮らすことになり、「親権がないから」といきなり人身保護請求をされ、子どもは養子に入れられ会えなくなった。しかし現行の単独親権制度の仕組みでは、こういった彼女や彼女の結婚相手の態度はありだ。

いよいよ結婚は原発に思えてくる。破綻して単身で子どもを育てることになったとする。経済的にも精神的にも余裕がなくなって子どもにあたったとする。そうすると虐待として隣近所の人に通報され、子どもは児童相談所に収容されなかなか戻ってこない。一方、離婚して親権がなくなった親は、児童相談所に通報されたことすら知らされない。

父母がいた場合は戻ってきやすい。シングルマザーは児童相談所に通報されると最低2年は戻ってこないのは普通だ。シングルマザーの子殺しは、離婚の問題とは別に社会問題となっている。一方、何も知らない間に子どもを母親に殺された父親（シングルファーザーだが社会からは親として扱われない）は途方にくれる。

ぼくは離婚前でシングルマザーの母親のもとから児童相談所に子どもが収容され、その後親権のある父親が知らない間に里親に出されたというケースを見たことがある。これは、子どもにとっては、実父母だろうが何だろうが、前倒しで戸籍の形式を当てはめたほうがよいという発想からくる行政の勇み足（不法行為）だ。実父母に知らせないままする代諾養子縁組と同様の親交換システムがあるから、これがまかり通る。単独親権制度と戸籍制度がこういう違法行為に言い訳を許す。

とにかく子どものために、「欠損家庭」を補完して「本来の形」に戻したほうがいいという発想が基本なので、児童扶養手当の額が上がらないのも、せいぜい再婚までのつなぎ資金、「施し米」程度のものとしか考えられていないからだろう。

共同親権のない結婚は、「トイレのないマンション」と同じで、解決策は爆発して山河を放射性物質で汚染するような悲惨な結末になる。結婚したとしてもやり直しがきき、結婚しなくても愛を育めるなら、別の選択肢があると思う。だけど今は、結婚するなら爆発しないか毎日ハラハラしながら家庭生活を営むことになる。こういう状況で子どもができたら、未来の希望ではなく、将来への負債にしか思えないじゃないか。

選択的夫婦別姓賛成＋共同親権反対＝婚外子差別

本書でぼくは、結婚は勝ち組の特権だと言ってきた。そしてそれは男女のパートナーシップの問題（結婚）と親子関係（親権制度）を結合させた婚姻制度に起因してきた。

共同親権は、子どもは父母から生まれるという関係性を、婚姻制度に左右されることなく保障するので、当たり前と言えば当たり前の仕組みだ。子どもの養育責任は結婚、離婚、未婚関係なく、父母が共同で果たしていくことになる。

本章では、共同親権という選択肢が生じた場合、結婚やパートナーシップの問題はどうなるのか、簡単に見ていくことにする。それは現在の制度の中でどのような選択肢をとるかについての、冷静で自分の気持ちに正直な判断をも可能とすると思うからだ。

家（戸籍）を通じて家族関係を統制しようとする民法策定者の狙いは、共同親権者となれるのは結婚（入籍）した父母に限定してきた。したがって離婚（離籍）したはずの父母を共同親権者とすると、戸籍によって区別され価値が保たれてきた結婚の価値が落ちることにもなる。既婚者と関係をもてば「不倫」と呼ばれ迫害を受ける。

子どもから見ると必然的に、婚姻外で生れた場合には非嫡出子として法的に扱われる。かつては嫡出子と非嫡出子の間には、相続などの面で差別的な扱いが民法にも記載されてきた。家制度は婚外子（非嫡出子）という法的地位を必要とするのだ。

法的には認められていない選択的夫婦別姓や同性婚を法改正によって実現しようと、そのことで悩んだ当事者たちは法を変える運動をしている。現在従来の法律を変えないできた国の行為を、憲法の条項を引いて立法不作為として違法性を主張し、その償いを求める複数の裁判を起こしている。大手メディアも盛んに報じている。一審で勝ってはいるけど、法律は変わらない。

一方で、ぼくも原告になって、現行単独親権民法の違憲性を訴えて、立法不作為の国賠訴訟を起こしている。しかし、大手メディアは裁判で判決が出てもなかなか記事にしないし、憲法学者や選択的夫婦別姓や同性婚に賛成の人たちも、ぼくたちの訴訟を応援するどころか、離婚した落伍者の運動をバカにし、あからさまに訴訟に敵対する人たちがいる。

こうなると、家の継承のために選択的夫婦別姓や同性婚の主張をしてきたのかと考えてしまう。夫婦と子どもというのが、家制度が用意した結婚の正式な形なので、その形式を別姓や同性間のパートナーシップを望む自分たちが踏襲できないことが問題だからだ。別姓カップルに子どもが生まれた場合には、どちらの家の所属にしたほうがいいのか、それが立法の課題になるし、同性カップルの場合には、養子縁組で子育てを可能にし、それをどう実現するかがやはり立法の課題になる。

しかし、戸籍が用意する結婚の形式を踏襲する限り、婚外子は必要とされる。もともと婚外子は、不平等条約の改正の必要に迫られた日本が、一夫一妻の欧米と同様の文明国の仲間入りをするために、一夫多妻を廃したときに、家制度を維持するための安全弁だったとも言える。一夫一妻の結婚に対して、妾による庶子を「スペア」として用意することで、家の継承を安定化させることができるからだ。

共同親権にすれば婚外子というくくりがなくなる。家の内外ではなく、子どもと父母との関係そのものが法的保護の対象となるので、家の継承のための嫡出子、非嫡出子の区別もそもそもなくなってしまうからだ。

片や選択的夫婦別姓や同性婚を主張しつつ、共同親権には反対するというのは、結婚で生れた子とそうじゃない子の区別は必要、と自分たちで言っているのと同じだ。こういった主張に、両性の本質的平等と個人の尊重を規定した日本国憲法の人権思想が馴染むかと言えば、ぼくが裁判官なら、「あなたたちの主張だって古臭いんだから、司法が政策判断の問題だろと言ったところで、批判を受けるようなことなのか」と思うだろう。もちろん、共同親権は賛成して、選択的夫婦別姓や同性婚に反対すれば、それも血統以外の家族のありようは異端とする、家中心の発想だろう。

共同親権の離婚の実際

10年以上前、離婚しても子どもと離れ離れにならないですむのが当たり前になるように、共同親権への法改正を求めて政治家に説明に行きはじめた。そうすると、「そんな法律作ったら、離婚していいってことにならないか」と聞かれたことがある。

実際は現在の法律が子どもと会うことの障害になっている。だけど、その議員の懸念は、結婚したんだったらそう易々と離婚するもんじゃない、という社会通念を代表していて、それはそれで結婚は他人の人生を左右する行為なわけだから、一概に「古臭い」と片付けられるものでもないとぼくも思う。

ただ実際には、セックスを国に届け出ることによって、社会保障などの利点を得ることもできるし、そこから外れれば、ステータスを失うという意味でペナルティを食う。そういう意味では相手と結婚したつもりが、実は国と取り引きしていたことになる。逆に言えば、国は法で醸成された社会通念を、好きな人とセックスしていつまでもいっしょにいたいという願望を刺激することで、人々の行動を規制してきた。結婚産業はその推進力だ。

国によって枠組みを与えられることによって安心感や一体感を得られる人もいて、その人たちなりに社会のことを考えているのだから、そういう人たちの感情を下らないとは片付けられない。夫婦や親子で姓が同じというルールで、父や妻といった、自分の社会的役割を自覚する人もいる。

一方で、離婚の自由を求める女たちの行動がきっかけになって、離婚の法制度が有責主義から破綻主義になり、子どもに会えなくなった男たちが今度は運動して、共同親権・共同監護（共同養育）の法制度が世界的に広がっていったという経緯を話した。日本の民法は、破綻主義の要素が年々強くなっているとはいっても、条文は有責主義だ。不倫して家庭を壊した側が「離婚したい」と言っても、裁判所は「そりゃないでしょ」と認めないことが度々ある。なので、不貞行為のあった側が子どもを連れ去って、逆に離婚を成立させるために、「暴力があった」とか虚偽の主張をして、相手のせいにして裁判所に認めさせようとする人もいる。

民法には婚姻中に親権の調整規定がない。そのため、子どものことでも意見が食い違ったら離婚してもう一方の親を子どもから排除する（仲間外れにする）のを前提に、民法は婚姻外は単独親権制度にするのが家制度の発想だ。ただ、離婚するかどうかは、子どものことだけで決めるわけではなく、世間体や経済的な事情を考えて離婚しないという場合もある。また、子どものことで意見を主張し合うということは、それだけ子どものことに真剣になっているということだから、むしろいいことだ。

多くの国では、婚姻中において親権の調整規定があって、夫婦でも子どものことで意見が違ったら裁判所で判断してもらうことが可能な民法規定になっている。というかそうでもしないと力の弱いほうが言いなりになるしかないので、共同親権においては必ず親権の調整規定が必要とされる。婚姻中に親権の調整規定がない日本の民法は、他方の親を仲間外れにすることでしか解決方法がないという意味では、実際のところ単独親権と変わらない。

また役所に届け出るだけで離婚できる協議離婚のある日本と違って、離婚においては裁判所の許可が必要になる国も多い。法人の監督官庁があるように、国には家族への監督権がある。追い出し離婚のように、立場が弱い人間が無理やり離婚させられたりすることにもなり、不公正を追認しかねないからだ。

日本でも、離婚届けの不受理届をあらかじめ出しておくことで、自分が同意もしていないのに、勝手に離婚届けに判を押されて出される行為を防ぐ規定が民法にある。しかしそれでも自分の知らない間に離婚届を勝手に出されたというケースをしばしば耳にする。

もともと協議離婚という制度がない国では、離婚したら単独親権にしなければならないという規定を、共同親権のままでも離婚できる、という法律に変えてきた。ドイツでは、父母が共同親権で離婚したいと言っているのに、単独親権しかできない制度は憲法の男女平等に反すると裁判所が判断して法も変わった。また、双方が争えば裁判所の基準は共同監護を優先的に適用するよう父親たちが運動して、１９７９年にアメリカのカリフォルニアでは最初に共同監護の法制度が整えられた。

現在日本では離婚は3組に1組と言われていて高止まりしている。また、アメリカでは2組に1組が離婚しているわけだから、こうなると結婚するとき離婚を想定するのは不謹慎なことでもなんでもない。結婚にあたって離婚時の財産分与はどうするかといった、有名人やお金持ちの間の婚前契約が度々日本でも報じられる。

長期的に見れば離婚率は上がってきたとは言っても、アメリカでは実際に、共同監護の法制度が適用された後、1、2年以内に離婚率が下がるという調査結果がある（Child Custody Policies and Divorce Rate in the US,Richard Kuhn, 1997）。夫婦仲がいまいちでも、離婚したところで、親権もお金も独占できないとなれば、もっぱら母親の側から申し出る離婚へのインセンティブが下がるからだろう。

協議離婚のない裁判離婚の国では、共同親権のもと、離婚時には養育時間の配分と養育費の分担について取り決めをして、それが裁判所の審査を得て裁判所決定となることで離婚が成立する。したがって違反は法廷侮辱罪になり、最悪収監されることもある。不仲で離婚するのに、離婚後に進学や手術の許可で合意ができなくなり問題、と共同親権に反対する人もいる。だったら自分が親権を渡せばいい、というツッコミは置いておいても、離婚時の協議でそのような場合に決定をどうするかあらかじめ取り決めることが多い。婚姻中でも同様の原則を適用すれば、婚姻内外問わず親権の調整規定が整えられる。

多くの場合は、自分が子どもを見ている間には、子どものことは見ている親が決めることがほとんどなので、さほど大きな問題になるケースは少ないようだ。というか子どもの親なんだから、「嫌だから」というレベルでの反目はそもそもいただけない。またもめれば最終的に司法に判断してもらうこともできる。その場合、一方が単独監護を求めても、共同監護を司法が優先的に付与することができる法律があれば、子どもを連れ去ったり引き離したりすること自体が不利にもなる。法律の背景があって、日本のように先手必勝の実子誘拐が抑止されるし、すれば刑事罰にも問われかねない。

DVの場合は、警察が来て事件を捜査することにもなり加害者が引き離される。ただ、シェルターが女性に限定されている状況はアメリカでも同様で、男性が親権争いではやはり不利になる。ただし、日本のように親権を失えばまったく子どもと会えなくなるなんて司法判断がされることはまれだ。100日以上子どもと会えることが、「相当な訪問権」として長年法律で定着してきた。各週末と長期休暇、平日の夕食をパパと過ごすと100日になる。

結婚・離婚は選択肢～家族のあり方が変わる

ただし、離婚率の変動以上に大きい変化は、婚外子が増えるということかもしれない。婚姻制度が出産と子育てを前提に国が保護を与えるものとして作られているということは、なにも戸籍のある日本に限らずほかの国でも濃淡はあっても同じだ。

バブルの時代には事実婚が流行ったけど、「結婚はダサい」という意識を、女性解放やそれに伴う男性解放運動の盛り上がりの中で持つ人も現れた。個人主義が広がると、家族の中で妻や夫、父母といった役割を付与されるのではなく、恋人としての男女の関係を望む人も増える。1章では身も蓋もないデータを並べたけどいまや「結婚相手に求める条件」として、女性に「経済力」を望む男性が48・2％で年々増えている。男性に「家事・育児の能力や姿勢」を望む女性も97％に及ぶのも現実だ（牛窪恵「恋愛力は邪魔でしかない…『恋人はいらないが結婚はしたい」20代女性が男性に求める〝家事レベル〟の驚きの高さ」（PRESIDENT Online ２０２３年9月14日）

　結婚して夫の姓に合わせることで一体感を得られるだけが女性の幸せでもない。しかし結局それが根付いたとは言えない。制度は個人主義的な振る舞いをとる人間には損すぎるのだ。

　欧米諸国では、結婚したら同姓を名乗らないといけないというルールがないのに、同棲や結婚によらないパートナーシップのあり方

世界各国の婚外子割合

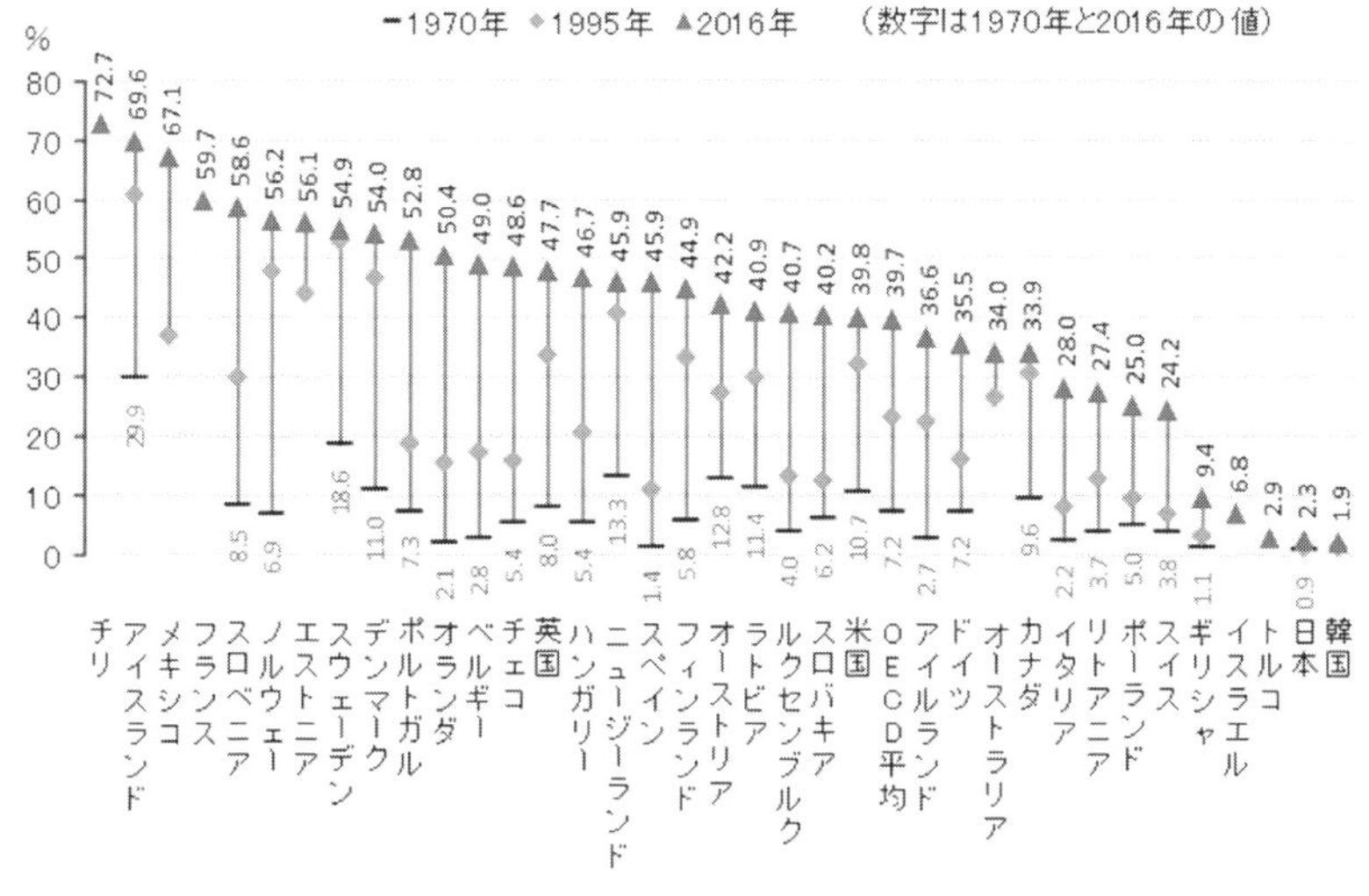

（注）該当年のデータが得られない場合は近隣年次の値で示している。OECD（2018），“Share of births outside of marriage”（indicator），OECD Family Database（https://stats.oecd.org/）による。
（資料）OECD, Trends Shaping Education 2019

図　「社会実情データ図録」のサイトから引用

を探る人たちが増えてきた。同性間カップルも含めた、二者間のパートナーシップに対して第三者との契約などについて法的な保護を与える法律を持つ国もある（フランスのパックス、スウェーデンのサンボなど）。

もちろんこのような国では、結婚しないまま子どもが生まれても、父母の共同養育責任が共同親権の法制度によって明確になっているので、未婚で子どもを生むことができる。婚外子の割合は日本とは比べ物にならないくらい大きい。男の逃げ得はないし、逆に男でも子どもへの権利はある。だからそうなる。というか、養育環境を得られなければ母親が子殺しをすることは昔からあったのが、今は中絶という形に変わっているだけだ。

結婚、未婚、そして離婚は、性愛の中での選択肢でもある。特に異性間に限定する必要もないので、同性婚にも道が開ける。逆に日本は結婚を「オンリーラブ」にするための法制度の変革が追い付かなかったので、事実婚も勝ち組カップルにしか広がらなかった。

結婚に伴う法制度の改革をした国では経口避妊薬の利用もできる。一見不道徳に聞こえるけど、日本では婚外のセックスをタブーにしているから、それを前提の避妊や子どもができた場合の責任が想定されてこなかったと言える。こういう状況になると、できちゃった婚でいきなりいっしょになって、仮面夫婦の不幸な結婚生活を終生送るという状況は減るだろう。それに、「あなたがいたから別れなかったのよ」なんていうはた迷惑な親の苦労話を、子どもが聞かされる機会も減るだろう。

もう一つ大きな変化は、男性の養育障壁が解消されることで、男性が育児に責任を感じることができ、「子育ては女性の専権事項」という固定観念から女性が解放されることだ。女性は職場で「腰掛け」とだけ見られる機会は減り、責任あるポジションを得る機会も増える。女性は「○○ちゃんのママ」というだけでなく、個人として見られる機会が増えるだろう。

そうなると、家の看板としての苗字ではなく、ファーストネームで他人を呼び合う機会も増えていく。親権制度同様、必然的に選択的夫婦別姓という婚姻制度に限定した制度ではなく、結婚で自分の姓をいちいち変える必要性もあまり感じなくなる。

そもそもファミリーネームをありがたがる人の割合も減っていくだろう。江戸時代に名字帯刀が許された人なんて、ほんの一握りだ。選択的夫婦同姓がスタンダードになる。第一共同親権で離婚して、子どもの氏はどちらかにしないとならないなんて、子どもに自分たちが嫌がった姓の押し付けをしているに過ぎない。姓はもともと自分のもので結婚でわざわざ変えることもない（変えてもいいけど）となれば、子どもの氏も父母両方を付し、子どもに選択権を残すことにもなる。もちろん新しい氏や名前を名乗ることもでき、その実態を登録するように法も運用されたほうがいい。

こういった変化のすべてが、男女間の賃金格差などジェンダーギャップを埋めていくことになる。なんて話をしたら、「うちの職場だと男女は同じ給与だし、女性の上司のほうが多い」と言われたことがある。ぼくの父母も共働きの教員だったので給与は同じだった。ただ、管理職を前に女性は早期退職するのが美徳で、うちの母親もそうしていた。また、公務員や大企業で正社員どうしで給与の男女差がないのは当たり前にしても、あるのは正規・非正規などの労働形態ごとの男女間の比率の差だろう。

また、保育士や看護師、ヘルパーなどは女職場だ。主婦は家庭内で無償のケア労働をしていて、その労働価値が社会的に認められない。そのためケア労働は安く給与を押さえられていて人手不足に陥っている。正規・非正規などの労働形態の男女の棲み分けだけでなく、男職場・女職場の存在も、男女間の格差の実態だろう。これは一つの職場にいるだけでは必ずしも見えてこない。

でも「子育てするの大変じゃないですか」と聞くと、その人も肯いていた。昔と違って家族や親族、近所の人の手伝いやおせっかいがない状況で、父母２人で子育てするだけでも大変なのに、女性は子どもの世話もあるのに、男職場で男性同様働くことを求められる。男性はこれまでと同様の働きを期待されつつ、「イクメン」のふりをさせられる。それってどんな罰ゲームだろう。こうなると子育ては苦行だ。

子どもにとって離婚とは家が2つになること

一時期、共同親権に反対する人たちは、父親が母親の意向を無視して子どもに会おうとする行為を「ストーカー行為」と罵倒していた。ぼくなんかも、子どもが会いたくないと言っていると元妻や裁判所に言われても、毎月家まで行って子どもへの手紙を投函しているので、「ストーカーパパ」の代表格みたいなものだ。

子どもを養子縁組した養父は元友人だけど、面会交流の場まで来て父子の様子を監視した。父親のぼくからすれば、彼はぼくの同意もなく子どもを養子にして毎日娘と暮らしているわけだから、ストーカーに見える。司法はこれら行為をすべて「親権者だから」という理由で肯定してきた。いかに子どもに会えない親が推定有罪の悪者にされているかがよくわかる。

驚いたことに、こういった主張を記事の見出しにして取り上げる新聞も現れた。親権問題について賛否の議論がある中で、どうしてこんなに、見ず知らずの親子を引き離したいんだろう。「会いたい」という思いを口にできないまま、自分の父親をストーカーと新聞で言われた子どもたちの気持ちはどんなだろう。

子どもにとって離婚は家が2つになることだ。法制度にかかわらず子どもから見たらそれが当たり前だ。だから「子どもが会いたいと言ったら会わせる」でなく、「あなたのお父さん（お母さん）なんだから行ってきなさい」と言わないと、単なるいじわるだ。これを無理やり「あなたの暮らす場所はこの家だけ」と言うのが単独親権制度で、現実を捻じ曲げているわけだから、一方の親を差別するしか正当化のしようがない。それで親が子に会いに行くだけのことを「ストーカー」と罵倒する。

「子どもにとって離婚は家が2つになること」ということは、子どもには両親から養育を受ける権利がある、ということでもある。もちろん自分が誰から生まれたのか、親を知る権利も子どもにはある。こういったことは日本も批准した「子どもの権利条約」にも書かれている。条約は、子どもは父母から生まれるという当たり前のことに付随する権利を、子どもの観点から言葉にしただけのことだ。

婚外子差別が許されない、というのも、子どもが父母から生まれるのに、親の都合を子どもに押し付けるなということだろう。単独親権制度では、家の都合に親は従う、という社会規範を子どもは無条件で受け入れるしかない。それに異議を唱えて「パパ（ママ）に会いたい」という子どもに社会が制裁を加える。もちろん子どもの自由な発言を保障する、子どもの意見表明権を侵害する。

親の側からすると、同意もないまま子どもを連れていかれる行為は、「連れ去り」ということになる。市町村は、子どもが元住んでいた家に戻ってきても、父親（母親）に親権がなければ「家出」として、住民登録を拒否したり、学校に通っても見学扱いにしたりするなど、差別をすることがある。しかし子どもの側から見ればただの「帰宅」だ。法制度としてこれを保障するには、それを「家出」とみなす単独親権制度を廃止するしかない。

現在の法制度をもとにした支援のあり方は、「パパお金、ママ家事育児」を前提に、父親を子どもから排除することで成り立っている。被害者支援は女性を加害者から隔離・保護することで成立しているので、家庭内の夫婦の関係も男女の性差に基づき、加害・被害で説明するしかない。しかしそれが、男性の撲滅作戦ではなく、暴力の防止活動であるとするなら、女性の側の加害者性に目を向けないと、暴力はなくなるわけもない。

こういう支援のあり方で子どもたちも影響を受ける。周囲は「パパは悪者」としか言わないし、それは自分のルーツの半分である親を否定することなので、子どもの自尊感情をも傷つける。フェミニストが男性の加害性を取り除くことに焦点を当て、そのメッセージが「女性は保護すべき対象」という前提であるなら、結局「男は女に優しくなければならない」という古いジェンダーロールを焼き直すだけだ。

社会的な弱者であっても男女かかわらず権利がある。それを前提に、いろんな立場の違いを認め合いながら発言し意見交換しながらどうするか、自分で判断するのが本当だろう。でも、制度が性役割を押し付けて、特に男性の側だけが問題とすれば、そういった冷静な議論はできない。個人は社会との関係の中で、自分らしさや自分の意見を確認していくものだ。しかし、一定の価値観を押し付けられるばかりだとそれは難しい。親は子どもが最初に出会う社会だ。その関係を絶ち切って平然として、社会への信頼を子どもが養えるだろうか。

単独親権制度の中で子どもに求められるものは、どの家の子かという所属意識だ。この所属意識の範囲で説明できる人だけを家族と呼んできた。したがって、親権を失い会えもしない父親（母親）に対して子どもは「私には関係ない人」と周囲に説明し、「元親」と呼んだりする。

しかし「父母がいるところが自分の家で、それは1つとは限らない」というのが当たり前になれば、家族は所属ではなくつながりになる。つながりの証として両親の姓も名乗れるはずだし、子どもと姓が別々なのも普通なので、子どもが傷つけられたと感じる機会も減る。よそに暮らす親に会いに行くのも珍しくなく、いちいち周囲に言い訳しなくてもすむ。

一方で、「ちゃんとした家族」を演じるために、社会の中で後ろ指指されないようにすることだけを躾と考える親は減るだろう。親は社会の中で自分がどのように生きていくのか、主体的な判断を今よりも求められていくことになる。つながり重視の人間関係が、人間関係をどう構築していくかの大きな問題を人々に突きつけるだろう。夫婦別姓への賛否という議論はその中の一部に過ぎない。

子育て家庭倍増計画

共同親権で子どもの家が2つになったら、子どもの生活が落ち着かなくてよくないじゃないか、という反論が返ってくることがよくある。共同監護というのは父母の養育時間が半分に近いような養育のあり方で、1週間はパパの家、1週間はママの家、といった完全な交代居所で子育てをしている離婚家庭もある。

そのことで子どもは気ぜわしい部分があるにしても、それだけで子どもの成長発達に悪影響があるなら、海外でこういったやり方は定着していかなかっただろう。また、子どもの家を定めて、父母は別に住所を持ち、別々の日にちで子どもの家に通って世話をするという共同監護のあり方をとる人もいる。そうなると子どものためにならない、なんて理由も通らない。ベビーシッターはよくて親が面倒を見ちゃダメな理由が見つからない。

それに子どもは毎日家と学校と往復して生活しているものだ。祖父母や親せきに子どもを見てもらうのは珍しくないし、小さな子どもだって保育園に預けられて、赤の他人の世話を受けている。「子どものためにならない」というのは、別れた後に嫌な相手に子どもを預けるなんてかわいそう、という発想からきていると思う。もちろん母親が子どもを見ているのが前提の母性神話だ。父親が子どもを見ていたら「母親に会わせないなんてかわいそうじゃないか」となりやすい。実際、父親が親権を得た場合のほうが、母親が親権を得た場合よりも、子どもを別れた相手に会わせる割合は高い。

逆に、子どもの家が2つになることでメリットはないのだろうか。

友人がその場合の経済効果を試算してくれた（松村直人「子育て家庭倍増計画　親権制後とお金」２０２３

年3月2日)。まず自分だけの子ども部屋を持つのは、小学校1年生から高校3年生までのだいたい半数と仮定する(東京ガス都市生活研究所「実態調査　子ども部屋はいつから必要?　一人部屋のメリット・デメリットとは」参照)。その上で子ども部屋を確保するのに必要なお金はというと、1畳あたりの家賃3074円(総務省「平成30年住宅・土地統計調査」)で、仮に6畳の子ども部屋の場合、月額1万8444円になる。年間だと22万1328円。

一方7~18歳の子どもの数は1281万人(2021年10月人口動態統計)で離婚の割合は一般に3組に1組(3分の1)だから、父母が別居状態にある子どもの数は428万人になる。このうち半分の214万人が自分の部屋を持つ。そうすると約4736億円が家賃にかかっている計算になる。子どもが2つの部屋を持てばこの4736億円と同じだけの経済効果があるということになる。

子どもの家が2つになるということは、「ひとり親」が倍になるということではない。父母双方が子どもの時間を分け合うということだから、父母双方が子どもをそれぞれ見ている間にかかる費用を賄うということになる。貧困家庭が蔓延するのではなく、双方が養育費を負担し合うというイメージだ。実際、完全に時間が折半であれば養育費を一方が他方に補うということはなくなる。共同親権の国では、養育時間の分担割合と反比例する形で、養育費を負担するトレードオフの基準が親たちに示されることがある。

現在のひとり親への手当は、単独親権制度を前提に、「欠損家庭」への施し米というイメージで金銭配布されている。父母双方が別居していても養育を分け合うということになれば、食料品などの額は半分ですむかもしれない。でも、部屋を一方にすることはできないので、部屋を2つ持つことになる。

勉強机や文房具などの学用品、おもちゃ、服など、いちいち子どもが持ち歩くのはたいへんだろうし、それぞれの家に用意することが合理的だ。父母双方の経済事情によって、2つの家で同等の生活水準を用意することはないかもしれない。母親が祖父母の家にいて、父親はアパート暮らしで、その間を子どもが行きかうということも出てくるだろう。

一方で、周囲からすれば、父母の離婚で親権のない側になったその親は、これまで孫に手を出しようがなかった。ランドセルを孫に買ってあげたい祖父母は、息子の離婚でそれは不可能だったのが可能になる。さすがにランドセルは子どもには2つもいらないかもしれないけど、学用品やおもちゃ、誕生日プレゼントを買って渡すことはできる。息子や娘が離婚しても、孫といっしょに行楽に出かけることもできる。単独親権制度の発想だと、貧困家庭のひとり親が倍になるというイメージになるけど、共同親権への転換で子どもへの投資が倍になるのだ。

子どもの側から見たら、移動がわずらわしいということはあるにしても、それぞれの親に別々の本やCD、おもちゃをねだることだって可能になる。父母が結婚していたら、その辺は家庭の経済事情からして厳格だろう。もちろんお年玉の額で「片親家庭」のわびしさを感じることもなくなる。夏休みに遠くのおじいちゃん、おばあちゃんのいる田舎で毎日虫取りをするのも、ゴロゴロするのも今まで通りだ。

父母が再婚すれば、親の再婚で自分の居場所がなくなるということはなく、自分の家に新しい人が来たとして、関係をつくっていくこともできるだろう。嫌なことがあったらもう1つの家で相談相手を得ることも可能かもしれない。

地域に子どもを取り戻そう

これは地域についても言える。

少子化で子どもは減って地域から子どもの姿は消えている。親が働きに出れば保育園にあずけられ、いずれにしても地域で子どもが遊ぶ姿を見ることはない。しかし父母が別々に暮らしても、周囲の手を借りながら親が子育てをするのが当たり前になれば、他人の手を借りて子育てをすることへの敷居は低くなる。離婚家庭に限らず、「保育園落ちた日本死ね」という切羽詰まった訴えは極端なものへとなっていくだろう。

近在ならともかく、移動のために交通機関を使う機会が増えれば、高校生とお年寄りしか見ないローカル線やバスに、子どもの姿や子どもの手を引く父親の姿を見かける機会は増えるだろう。フランスではルノー社が、週末にそれぞれ3人の（元）妻のもとにいる子どもを父親が車で次々ピックアップするCMを12年前流したことがある。「ヌーベル・ファミーユ」、つまり「新しい家族」に合わせた新しい車ということで大型車を宣伝したのだ。

地方に限らず学校は少子化で閉鎖が相次いでいる。交代居所は週ごとでなければならないという決まりはない。父母の暮らす場所が遠方の場合、数年ごとの父母の約束で子どもが2つの学校に通うこともある。父親の暮らす地域の学校から母親の地域の学校に転校しても、週末や夏休みにはパパの家で過ごすわけだから、これは子どもからすればふるさとが2つになるということでもある。それぞれの地域の思い出も培われていく。もちろん、それで住民が増えるということはない。でも地域からしたら、それぞれの地域のよさを子どもたちに伝え、子どもは地域の伝統や文化を知る機会を得て、やがてその地域の担い手になるかもしれない。

何も離婚して父母が別々に暮らすことを期待するわけではない。共同親権の効果が、男女間で厳格な性役割の規制緩和につながり、男女間の経済格差を是正し、出産と子育てが結婚したカップルのみの勝ち組の特権でなくなれば、結婚によらない男女のカップリングで子どもをもうける機会も増える。結果、中絶は減り婚外子の割合は高まるだろうし、子どもの数が増えていけば、少子化で生じていた地域の課題は減少する。そのことは地域間の格差の是正にもつながっていく。他人の手を借りて子育てをするのが当たり前になれば、子どもに対して経済面も含めて行政が直接支援をすることへの敷居は低くなる。

家族は所属からつながりへ

日本の民法は明治民法の家制度を受け継いだものだ。夫婦同姓がルールになっているのも、家の継承を民法上のルールとして残したかったからだ。親権制度は日本国憲法の施行に合わせて婚姻中は共同親権になっている。でも婚姻外は単独親権にするしかなかったのは、2つの家に子どもを所属させると、同一家庭で氏を同じくする戸籍制度のルールが維持できなくなるという理由が大きい。そういう意味では夫婦同姓と同じ理由で、共同親権への転換が阻まれてきた。

憲法で両性の本質的平等と個人の尊重が明記されたといっても、家制度のあり方に従う限りにおいて限定的に認められただけだ。関係や血統よりも、生産と結婚、出産・子育ての場としての家の存続が重要なので、養子縁組が裁判所の許可もないまま多用される。

これは関係よりも所属を優先する家族観を、この国で生まれた人が受け継ぐ原因になっている。結婚によって自分の姓を変えることがおかしいと思っても、「入籍したんだね。○○さん（夫の姓）おめでとう」と周りが言うと、「ま、これでいっか」と思ってしまう。離婚した友達が子どもに会えなくなってひどい、と思っても、周囲が「でも元妻さんだって新しく家庭を作るでしょ」と言えば、そういうもんかと思って忘れてしまう。

結婚でセックスというプライベートなことを国に届けるなんておかしい、と『おひとりさまの老後』という本まで出した社会学者の上野千鶴子さんが、年老いたパートナーが亡くなる直前に結婚していたことを週刊誌に書かれて弁明していた（「15時間の花嫁」婦人公論2023年4月）。
本人は、「家族主義の日本の法律を逆手にとる」と述べていた。だけど、パートナーが亡くなる際の手続きや遺品の整理の利便性を理由に結婚したというなら、結局機会があれば結婚したかったというだけのことだ。友人ならそういうことは遺族に任せるからだ。「15時間の花嫁」というタイトルは、世論の祝福を狙って批判をかわそうという意図が読み取れる。

子どもを作って国を支えてくれるという期待のもとに、入籍した人を国は優先的に保護する。その上、日本の戸籍制度は家の存続、継承が何よりも優先されるから、親子関係であっても、戸籍外にある家族関係を断絶して顧みない。

上野さんが手厚い介護を担ったパートナーだと主張しようが、親族から「赤の他人が余計なことを」と言われたら反論できない。制度を知悉している彼女にしてみれば、それが怖かったので入籍したと見るのが妥当だ。戸籍をまたぐ人間関係は、いくら実質があったとしても「アウトロー」として他人にされる。というか家族的なつながりを築く努力が戸籍によって阻まれる。

この原稿を書いている2023年5月段階で、入国管理法の改悪への反対運動が大きくなっている。難民申請者への過酷な処置や、在日朝鮮人への差別的扱いは、戸籍という日本人の登録簿への所属の問題だから、人道問題よりもイデオロギーが議論になる。紙の上（戸籍）でも家族に所属させることによって家族意識や国民意識が醸成されるのだ。

それが共同親権によって、子どもが親を知る権利だけでなく、父母から生まれたその人のルーツは尊重されることになる。所属よりも関係重視の家族関係に人々の意識が移行していくことになるだろう。国は、家族に問題が起きたら明治時代なら戸主、現代なら戸籍筆頭者や親権者の責任を問うて、当の本人の悩みなんてどうでもよかった。収拾がつかなければ離婚させて弱者を家の所属から外して仲間外れを正当化すればいいからだ。

しかし、枠組みよりも、子と父母の関係を法が保障すれば、国はむしろ結婚によらなくても好きな人どうしがセックスして子どもをなす行為に、口は出さなくなるだろう。その代わり、生まれた子どもの責任を父母がまっとうできるように国は応援することになる。そのことによって子どもを作ることへの責任意識はむしろ自覚される。「ヤバい結婚」をすることよりも、そんな社会で好きな人と愛を育み合うことのほうがよくないだろうか。

IV 結婚って何だろう？

結婚って何だろう？

ぼくは子どもに会えない親たちと月に1回自助グループを持っている。集まってくる人は、婚姻中に子どもを連れ去られて自分の子どもと会えなくなっている人が多い。関係を修復しようと努力する人も少なくない。一方で、子どもと引き離されている上に、信じていた人に裏切られているわけだから、傷ついて怒っている人も多い。

ただ、親権を失えば「親権者じゃないでしょ」と相手にも周囲にも言われて迫害されることは、本人にかかってくる。一生子どもと引き離される恐怖から、全然気持ちは残っていない上にコンピ地獄になっても、関係は修復したいと裁判所では主張する。これまで説明してきた通り、共同親権なのは婚姻中だけで、離婚したら親権はどちらかに決めないとならないからだ。

父母の婚姻中は共同親権とする民法から、「父母の婚姻中は」という限定規定を取り外すと、婚姻内外問わず共同親権となり、父母の法的地位にかかわらずともに子どもへの責任をまっとうすることに支障はなくなる。

「じゃあ、結婚の意味なくないですか」

そういう疑問は参加者の誰かから必ず出てくる。出産・子育てに対する父母の責任が結婚しているしていないに関係ないんだから、「わざわざ結婚する意味って何？」と思うだろう。1回セックスしただけでも、妊娠すれば父親は責任を取らされるわけだから、「責任をとって結婚する」という意味はなくなる。横溝正史の小説『犬神家の一族』では、当主の犬神佐兵衛は、結婚することなく妾との間にそれぞれ子どもを作り、それが遺産をめぐる血で血を洗う争いの原因ともなった。こういう家族関係も大手を振って広がっていくのだろうか。

これまで「知ってるもの」と無前提に話を進めてきたけど、あらためて「結婚」を『広辞苑』で引いてみると、「男女が夫婦となること」とあっさり書いてあって、申し訳程度に「婚姻」と付け加えてある。それで「婚姻」を見てみると、「結婚すること。夫婦となること」の後に「一対の男女の継続的な性的結合を基礎とした社会的経済的結合で、その間に生まれた子どもが嫡出子として認められる関係。民法上は戸籍法に従って届け出た場合に成立する」と説明がある。２０１８年の第7版には同性婚という想定はないようだ。

「婚」という漢字には、夫婦になることや縁組をする以外に、「よめいり」「むことり」の意味があり、「姻」も「よめいり」や「縁組」の字義がある。セックスしたら「夫婦になった」という言い方はあるので「結婚した」とは言えるかもしれないけど、それだけでは「婚姻」にはならないようだ。辞書に嫡出子への言及があるように、社会制度や習俗の中で認められる関係を婚姻と呼び、法がそれにお墨付きを与える。ただし戸籍制度の結婚は、届出をして戸籍に記載されないといくら実体があっても内縁関係になる。

共同親権の欧米各国では、アメリカのように同棲が増えて子どもができたら結婚する、という国がある一方で、フランスのように、婚姻によらないパートナーシップに法的地位が与えられる（パックス）国もある。そうすると、年をとってから死ぬ前に「そろそろしようか」と相続や遺産の処分の問題で、法的に婚姻制度を利用することもあるだろう。法的な結婚は離婚するのも大変なのだ。とはいえ、教会で結婚式を挙げて結婚したがるカップルも一定程度いるという。

日本でも、知り合いのカップルは結婚するに当たって別居婚で子どもを作ることもなかった。ただ結婚式は挙げて届けも出している。結婚していなければ、一方が死んだら遺産や遺体の引き取り手続きなどで、血縁者が優先されるからだ。上野千鶴子さんが高齢のパートナーが亡くなる前に結婚したのと同じ理由だ。もともと日本の民法も当初は事実婚主義で届けの有無は婚姻の効力とは無関係だった。

上野さんはセックスというプライベートなことを国に届け出るなんて気持ち悪い、と結婚制度を否定して周囲にもそれを言ってきたことが、今回の自身の結婚の中でご都合主義として取り上げられる。ぼくも1回目のときは事実婚で、2回目では届けを出したので、同じような批判を受けた。ただし1回目のときは、ぼくも子どもが生まれて届けを出すことを連れ合いに提案したところ、彼女が今度は否定しているので、そこまで強固な意思を持っていたわけではない。ただ戸籍の窮屈さは知っていたし、上野さんのような考えは当時は自分も持っていた。

そんな話を2回目の結婚のときに相手にしたところ、「おめでとう」ってことじゃない、と彼女は言っていた。制度によらないことで国はたとえ2人が夫婦だと言っても法は内縁関係とみなす。周囲もそう見がちだ。

一夫多妻の時代の結婚ではなく、男女平等の時代の結婚では、結婚は互いに裏切らない契約で周囲への宣言ということになる。国や自治体はやがて子どもを作り育ててくれるという期待のもとに、結婚祝い金などの税金を投入してまで「おめでとう」と言ってくれる。だから、子どものできない夫婦の価値はあまり重視しない。政治家は結婚しない女性への暴言を繰り返す。

互いに裏切られたという感情的な問題は金銭（慰謝料）で解決できる。実際子どもができなければ、婚姻関係のない女性との間に子どもが生まれなければ家は存続できない。裏切らないと互いに約束してそれを国が法で保障するといっても、国は賄賂の利用を許して抜け道を用意している。

逆に言えば、国が保障しなければ守る気も起きないような倫理観の欠けた契約が、結婚ということになる。実際、結婚はしているけど互いに公認でほかに男女関係を持っている人は知られていて、身近にもいる。

これは愛が出産や子育ての道具にされているということにほかならない。愛の結果子どもが生まれる、のではなく、家や国のために愛が利用されている、とも言える。それが結婚だと割り切れる人同士なら矛盾も感じない。しかしどちらかが疑問を感じれば、愛を期待していただけに、その間に人間への信頼は傷つけられる。制度は愛のための手段だと思っていたら、実は手段に目的がからめとられている。相手と約束したつもりが、国と取引していたのだ。手段が目的になっているのが問題ではないだろうか。

では「家庭を築く」とはいったい何だろう。

おちおちセックスできるだろうか？

手段が目的になり、国の制度に乗っかることが目的になる。

日本では、結婚の場合は入籍して新しい家を築く。「一家を築いて一人前」というのは、安心できる家族関係を維持することではなく、戸籍という紙に見合ったフォーメーションを整えることだ。家の継承がこの制度の目的なので、子どもができなければあえて結婚を維持する必要もなくなる。そうすることがちゃんとした国民の証なので、要件を満たした場合には国はご褒美を与える。

祝い金や税制上の優遇措置といった直接的な得はある。ただ逆に、この形を整えないことによる数々の差別や偏見から守られるというのが大きいのではないだろうか。

周囲が結婚を祝うのは、本人たちが幸せになるためにした選択を一緒になって祝い、その継続を願うということがまずあるだろう。一方で、「家と家との結婚」と言われるように、家や一族の繁栄を担う仲間としてカップルを迎えるという意味もある。こうなると自分が決めたといっても、周囲の意向が占める部分は大きい。

本人と周囲がどのように振る舞うべきかを国が形（戸籍）として用意しているので、離婚は自分たちだけの問題ではなく、祝ってくれた周囲の人に顔向けできない反社会的な行動になる。中に入らないのも出るのも社会からの落伍がかかっているのだ。その上、中に入れば嫁や婿であることや、夫や妻であることが周囲から期待されるので、役割を演じるのに必死になる。好きな相手とどうドキドキする関係を維持できるかに、考えをめぐらせるような余裕はとてもないだろう。

この本で述べてきたことは、結婚は勝ち組の特権やぜいたく品になっているということだ。中に入った人にとっても特権を維持するためには、きちんと嫁や婿や父や母としての役割をこなして、夫は一家を養うだけの稼ぎを確保し、妻はワンオペ家事育児に奮闘し、その上妻や夫、義父母と良好な関係を維持しなければならない。安定した正社員や公務員の数が減っている中、いまどきこんな芸当ができる人がどのくらいいるのだろうか。

その上、この勝ち組の特権はリスクが高すぎる。相手と不和になったら、女はワンオペ育児に逃げ道はなくなる。男は親権がなくなり子どもの顔を見る機会も保障されず、お金だけは子どもとの関係を制約する側に身代金として払い続けなければならない。しかも最近では、ＤＶの要件は緩和され、不同意性交も罪に問われる社会情勢になってきている。

実際に被害を受けた場合だけでなく、相手に仕返しをしたくなったり、陥れたくなったりした場合にも、女性の側の考え1つで相手の責任を追及できる。離婚や親権獲得に有利になるために、こういった手段を使うことへの歯止めも用意されていない。いつ加害者にされてもおかしくない状況で、女性と付き合うのはもとより、結婚に求められる勇気は年々とてつもなく大きくなっている。こんな状況でおちおちセックスできるだろうか。

周囲がその人の落伍を恐れて結婚を進めても、性愛を獲得する手段としてはそれを選ぶのは恐ろしいだけでなく、「無理ゲー」なのだ。男性も女性も愛を育み信頼を培うにはハードルが高すぎる。個人の判断を周囲が強制できないので、見合いをしてもいつまでたっても決まらないことがある。そこに合理的な計算が働けば、断念する人は少なくないだろう。若いうちは勢いでやっちゃうということがあるにしても、社会は自己責任としかみなさない。もはや蛮勇と呼ばれるレベルだ。

家制度に回帰すれば幸せか？

では、結婚が役割を与えられるだけなら、それも昔のように人任せにするのがいいのだろうか。昔の結婚は親が決めていた。国家や社会のために家族や個人が存在した時代ならそれに納得する人は多い。しかし戦後の民法改革は、その仕組みが国家社会の破綻を招いた反省の上に、個人の幸せを人々が求めることの権利性を肯定した。そしてその民法改革は中途半端だった。

ひと頃に増して離婚の割合が高まり、なんでもかんでも相手からの押し付けをDVと呼びたがる現状は、家どうしの価値観の違いを、性役割という一つの制度でくることの無理が現在噴出している結果だろう。一方で、家の価値観と個人の価値観の食い違いが、互いの家族観を相手に押し付ける結果でもあるだろう。

時に家制度の追い出し離婚を残した協議離婚で「離婚の自由」を主張したり、DVや虐待などの弱者保護のための制度が親権争いの道具にされたりするのは、制度が立法目的とはかけ離れて、別の目的の道具に成り下がっているからだ。これは実際に被害を受けた人を救済しないという面では、制度の目的自体を損なうことになる。

では、一度やらかした家制度の枠組みに人々を回帰させることで、人々は幸せになるのだろうか。そうなる人はいるかもしれない。しかし家族に周囲の助けは期待されず、家族はますます重荷になるだろう。家族を持っていながら孤独を感じる人も増えていくだろう。今もそういう人は少なくない。リモート通信やSNS、マッチングアプリといった人間関係の新しい世話焼き役の科学技術の発達で、それらは解決するものだろうか。

個人の損得は社会のあり方や制度によって規定される部分は大きい。子どもにとって最初に出会う社会は親だし、その後も濃密な関係から人々の行動を規定するのは家族だ。今は一夫一妻という家族のあり方が当然とされているけど、一夫多妻や一妻多夫などの家族形態を持つ国や民族は現在でもある。

日本が一夫一妻の現行の婚姻制度を民法に取り入れたのは明治時代だ。不平等条約の改正の必要に迫られた日本は、欧米各国からは野蛮な制度と見られていた一夫多妻のような結婚のあり方を廃した民法を示すことで、文明国と認められたかった。女性の地位の向上や男女同権が唱えられれば、一夫多妻といった婚姻形態は経済力の集中する支配階級の間でしか成り立たない。しかしこの制度が必ずしも女性に不利かというと、妻の間の順位の差や嫉妬といった感情を別にすれば、成功し、経済力のある男性の庇護を多くの女性が受けられるという面では、必ずしもそうではない。

一方、地位や経済において、みんなが社会的に勝ち組になるわけでもなければ、男性にとっては性愛を獲得して家族を持つには一夫一妻が前提だ。性役割が厳格で、家族への支援が乏しければ、育児や自身の老後の世話も含めて、家庭内の福祉を女性に依存するしかない。

現在は、経済的な格差が同性間でも男女間でも拡大している。家族への支援は相変わらず乏しく、生活が不安定になれば、女性が勝ち組男性とのカップリングを望むのは傾向としては当たり前だ。そうなると性愛を得られない男性は増え、一方で勝ち組男性は、一夫一妻のもとで、結婚離婚を繰り返して、時間差的に一夫多妻を実現している。妊娠出産には時間がかかるので男性のようにはいかないけど、子育てが男性と分け合え、男女の経済格差が縮まれば、一妻多夫的な状況も現出する。子どもから見たら多父多母になる。

こういった状況に法的に歯止めをかけているのが、男性の家の氏（夫婦同姓）と女性の単独養育（単独親権制度）からなる結婚を役所への届出を通じて人々に強制して、家族のパターンを一定のもとにする現行民法だ。こうしておけば異性結婚と子育てを否定する同性婚は割り込めない。ただし、共同親権に移行することは、社会がなるべく男女の平等な養育分担を目指す方向に舵を切ったということだ。妾を囲って金で子どもを育てるやり方は、その社会では必ずしも褒められはしないだろう。

結婚の目的や意味は時代時代において変化していったものの、何より結婚のあり方は、近代以前なら一族、部族、民族間の、そして国家社会の要請によって決まってきた。結婚はそういった社会で生き残るための手段だった。しかし時代や場所で結婚の意味が変わっていっても、それが制度としてなくならなかったのは、動物としての人間が生き残っていくための営みをどう維持し利用していくかに、社会の存続がかかっていたということを物語っている。そして手段が目的になれば、一族や村、国家のために個人が存在することに人々は疑問を感じなくなる。結婚が制度として押し付けられるのはそのためだ。

現代の結婚はやはり社会が決めるのだろうか。それとも人間関係の形成に科学技術を取り入れた市場原理が規定するのだろうか。そうかもしれないけど、社会が要請しても個人はそれだけでは動かない。それがもはや一つの制度の枠組みに人々の行動が納まりきれなくなっている原因だ。自分で決めて責任を持つことで得られる手ごたえ、それが個人主義の持つ味だ。

一度その味を占めた人々は、もはや自分の人生を他人に決められ、他人の人生に干渉して連帯責任を取らされる、そんな家族のあり方には満足がいかなくなっている。戦争中や経済成長の時代にはそれに疑問を感じなくても、家族の枠組みと役割だけ与えられ、それを演じることを四六時中求められる人生に疲れて見返りも乏しいとき、はたと気づいて「何のために」という疑問は湧くだろう。「自分のためにじゃなかったのか」と。

別れるのも「おめでとう」

結婚との関係で言えば、共同親権は結婚という枠組みに入るかどうかだけを、半ば強制的に選択させられることとは別のこととして、男女間に子どもができれば責任を果たし続けるということを社会が認め応援するということだ。結婚という制度のあり方がその時どうなっているかは不明だけど、そのときその制度の中に入るかどうかは手段になる。

親子関係は自明のように思われている。だけど今の家制度のもとにおいては、自明ではなく養子縁組によって親は家の都合で交換させられることすらある。しかもその交換に子ども本人は意向を聞かれることもない。自分のことなのに自分で決められないのが家制度だ。そうなると親子関係は家の都合の前に屈服させられる。戸籍は民法による家族関係を登録する手段のはずだ。現状手段が目的を規定している。

男女間にできた子どもの責任を当人たちが負い続けるということは、子どもの側から言えば、途絶えない自分のルーツを社会が認めるということでもある。そこから溯れる歴史と、また父母双方が持つ社会を子どもは自分の財産として維持し続ける。

もちろん親にもいろいろいて、「親なんて」と言いたくなるような人もいるだろう。でもそれはいつでもアクセスできるから言える特権でもある。けして会えない存在なら、自分が何者かを知ることすらできなくなる。社会にはA面とB面がある。一方の親との関係を、A面の家とその集団の都合のために絶てば、その人はB面に触れる機会を失うだろう。

若いうちに勢いでやっちゃって子どもを持つということはあるかもしれない。家の都合や育児環境を考えれば、なかったことにする（堕胎する、引き離す）ということは取り立てて不合理な選択ではないかもしれない。しかし共同親権が制度として支えになれば、子どもは社会経験の乏しい親のもとでも周囲の支えによって成長することができるかもしれない。未熟な大人には子どもは無理、ではなく、親が親としていられるように周囲が支える。

若いうちに子どもを作った相手と別れても、やがて自分とあったパートナーといっしょになり、30代、40代で再び親になる。そういう家族のあり方は一つのパターンとして定着するかもしれない。もちろん一生一人の相手と連れ添うことはなくならないだろう。しかしみんながそういう相手を人生の初期に得られるとは限らない。それを社会が認めれば、親が子育てに苦労していたら（実際は迷惑なんてかかってないのに）「親のくせに」と迷惑がるのではなく、どうやってそんな親たちでも子育てができていくのか、周囲も口や手を出し、おせっかいをためらわなくなるだろう。そうやって家族的な関係は広がっていく。国の役割はそれを応援することではないだろうか。

好きな人と結ばれて「おめでとう」。でももしそうなら、別れることだって「おめでとう」でいいだろう。そこからその人の新しい人生がはじまる。どちらも「おめでとう」なのだから。

参考文献

荒川和久『結婚滅亡 「オワ婚」時代のしあわせのカタチ』（あさ出版、2019年）
遠藤正敬『犬神家の戸籍 「血」と「家」の近代日本』（青土社、2021年）
川島武宜『日本社会の家族的構成』（日本評論社、1960年）
佐藤文明『知っていますか？ 戸籍と差別一問一答』（解放出版社、2010年）
下夷美幸『日本の家族と戸籍 なぜ「夫婦と未婚の子」単位なのか』（東京大学出版局、2019年）
許末恵『親権と監護 民法第766条、第818条及び819条の成立』（日本評論社、2016年）
橘玲『無理ゲー社会』（小学館新書、2021年）
藤沢数希『損する結婚 儲かる離婚』（新潮新書、2017年）
山田昌弘『結婚不要社会』（朝日新書、2019年）
男女共同参画局ホームページ「ジェンダー・ギャップ指数（GGI）2022年
縁結び大学「令和時代の結婚観を調査！20代独身男性の30％が『専業主夫でもＯＫ』と回答した理由とは？」（株式会社ネクストレベル、2020年11月19日）
渡辺康人「未婚の男女、結婚願望に影落とす収入の壁 ネット調査」（朝日新聞2019年1月12日）
男女共同参画局「男女共同参画白書 令和4年版」（2022年）
不動産プラザ「専業主婦になるには夫の年収はいくら必要？理想の世帯年収と年収別の生活モデルを紹介」（2023年4月24日）
労働政策研究・研修機構「若者就業支援の現状と課題」（2005年）
舞田敏彦「生涯未婚率は職業によってこんなに違う」（ニューズウィーク2015年9月1日）
久我尚子「若年層の消費実態（1）」（ニッセイ基礎研究所レポート2016年8月）
本川裕「世界120位『女性がひどく差別される国・日本』で男より女の幸福感が高いというアイロニー 男性優位社会で男が低幸福度のワケ」PRESIDENT Online 2021年4月7日）

内閣府「令和４年版　少子化社会対策白書」（２０２２年）
法務省民事局参事官室「協議離婚に関する実態調査結果の概要」（２０２１年４月）
荒川和久「この20年で『離婚したい理由ベスト３』が激変…男たちが夫婦関係で悩んでいること」（PRESIDENT Online ２０２２年１月25日）
警察庁「令和４年中における自殺の状況」（２０２３年４月）
畠山勝太「〝ひとり親〟世帯の貧困緩和策―ＯＥＣＤ諸国との比較から特徴を捉える」（OPINION ２０１７年４月10日）
林裕之「『増える独身』と『４割に迫る単身世帯』の実情とは」（東洋経済 ONLINE ２０２２年９月29日）
橘木俊詔「『日本人が結婚しなくなった』衝撃の理由…なぜ『結婚したい若者』が『結婚できない』のか（現代ビジネス２０２３年６月27日）
牛窪恵「恋愛力は邪魔でしかない…『恋人はいらないが結婚はしたい』20代女性が男性に求める〝家事レベル〟の驚きの高さ」（PRESIDENT Online ２０２３年９月14日）
松村直人「子育て家庭倍増計画　親権制後とお金」（２０２３年３月２日）
東京ガス都市生活研究所「実態調査　子ども部屋はいつから必要？ 一人部屋のメリット・デメリットとは」（２０１７年７月21日）
総務省統計局「平成30年住宅・土地統計調査」（２０１９年９月30日）
総務省統計局「人口推計」（２０２１年（令和３年）10月１日現在（２０２２年４月15日）
上野千鶴子「15時間の花嫁」（婦人公論２０２３年４月）

索　引

著者紹介

宗像充（むなかた・みつる）

1975 年大分県犬飼町生まれ。ライター。大学時代は山岳部に所属し、登山、環境、平和、家族問題などをテーマに執筆をおこなう。子どもと引き離された自らの体験から、共同親権運動をはじめ、2019 年に「共同親権集団訴訟」で国を訴える。

著書に『ニホンオオカミは消えたか？』（旬報社）、『子どもに会いたい親のためのハンドブック』『引き離されたぼくと子どもたち』『共同親権』（小社）、『南アルプスの未来にリニアはいらない』（オフィスエム）、『ニホンカワウソは生きている』（旬報社）ほか。

現在は長野県大鹿村で親子の引き離しや DV など家族の支援を「おおしか家族相談」で継続。　相談連絡先　☎ 0265-39-2067

結婚がヤバい　民法改正と共同親権

2023 年 11 月 30 日初版第 1 刷発行

著　者／宗像充
表紙絵／太田 DOKO
発行者／松田健二
発行所／株式会社　社会評論社
〒 113-0033　東京都文京区本郷 2-3-10　お茶の水ビル
電話　03（3814）3861　FAX　03（3818）2808
印刷製本／倉敷印刷株式会社
感想・ご意見お寄せ下さい　book@shahyo.com

JPCA 日本出版著作権協会 http://www.jpca.jp.net/
本書は日本出版著作権協会（JPCA）が委託管理する著作物です。複写（コピー）・複製、その他著作物の利用については、事前に日本出版著作権協会（電話03-3812-9424，　info@jpca.jp.net　）の許諾を得てください。